生命樹

Health is the greatest gift, contentment the greatest wealth.
~Gautama Buddha

健康是最大的利益，知足是最好的財富。 ——佛陀

這一生，你要知道的五個祕密

暢銷紀念版

人生長老教我
活出生命意義、不留遺憾的終極解答

The Five Secrets You Must Discover Before You Die

約翰·伊佐 John Izzo 著　吳綺爾 譯

謹將本書獻給

我的祖父亨利．特普（Henry Turpel），

我手上戴著他的戒指，身上刻著他的印記

推薦序 智者的禮物

律師娘／林靜如　知名作家

收到《商業周刊》出版部送來《死前一定要知道的五件事（初版書名）》書稿，我迫不及待的開卷閱讀，因爲前一陣子一位任檢察官的老朋友本正值壯年，有個甫出生的小女娃，卻在夜裡因身體不適起身後，幾分鐘內就因氣喘舊疾離世。乍聞訊時我從不敢置信、震驚到不捨，最後開始反覆思考生命的無常在每個人身上，究竟是如何實現。告別式的當天，信奉天主教的他，在教友們的誦詩和親友的懷念感言中，接受大家的道別，儀式中一張張的投影片，讓大家在幾分鐘內覽盡了他的一生。四十幾年，說長不長，說短不短，我感受到的是，他做了好多想做的事情，而他身旁的人，還有好多期待跟他分享的事情還沒做，「感恩」與「遺憾」交錯在眾多親友的禱念中。

那一日之後，有些想法在我心中成形，明明是那麼眞實的存在，卻又無法用語彙來描述，我和外子時不時的會聊到他的離去，我可以感受到同爲人夫與人父的外子，自此驚覺年壯並非耽擱人生的理由。我和其他共同好友聊到關於他的回憶，彼此都感慨，還有好多說好的事還沒做呢，種種感受，迴盪在我心裡，揮之不去，感傷？難過？不甘願？不，都說不完全。直到有機會爲本書寫推薦序，我才把這個心中虛幻的雛形，揑成了一個具體的實相。

邏輯上，「死前」對每個人來說應該都是不一樣的時點。但看完本書，我會想要重新定義「死前」指的即是「現在」，聰明的你，應該馬上就能心領神會，「還活著」就是「死前」，那麼所謂的「死前一定要知道的五件事」，也就是「還活著一定要知道的五件事」。既然你我都還能在此倚座閱讀，就很有充足的理由，來看看到底作者約翰·伊佐想告訴我們什麼。

簡單的說，就是到底怎樣才能活得幸福、如何才能快樂地死去。你會想，這對每個人的定義應該都不一樣吧！沒錯，約翰．伊佐想要在本書闡述的就是「如何找到生命的眞義，快樂地死去」每個人都不一樣，這樣說來，本書的意義在哪裡？約翰進一步在這樣的內涵下，訪談了二百三十五位來自不同背景，年紀從五十九歲到一〇五歲的智者，然後以實證的方式向你印證，這些「隨時都可以快樂地死去」的智者都一樣，你一定有興趣，畢竟雖然每個人的生命長短不同，有限卻是相同的。

就像作者的父親，三十六歲就去世，那天他們還聚在一起開心的野餐，事情就發生了，他認爲自己的父親人生並不完美，卻驟然畫下句點，沒有機會重來一次。他的妻子在三十七歲的時候突然中風，讓他們對健康及人生的信心突然瓦解，而他至今回想起來最深的感受竟是，他並沒有在她最需要的時候陪在她身旁。於是，他起心動念找來這兩百多位智者與他們一同啓程踏上揭祕之旅，透過傾聽，找到了人類心中眞正的渴求——「追求人生的幸福和意義」，也就是體驗生命的喜樂與了解自己誕生在世上的意義，最後也尋獲了這些智者達到這個境界的五個祕密。

誠如作者所言，人通常是在頭髮逐漸花白時才增長智慧，那時我們已經走完人生的大半旅程，爲時已晚，沒有足夠時間好好應用我們增長的智慧，如果我們能在年輕時就發現幸福人生的祕訣，知道怎麼生活才有意義，對我們的人生是否將大有助益？而有時不到生命盡頭，無法確定一個人是否已經找到幸福，有些人年輕時意氣風發最後卻抑鬱收場，所以作者決定透過訪談六十歲以上的長者來了解，對他們來說，什麼是人生眞正重要的事，藉此汲取他們身上的智慧。

關於這點，中國的孔夫子也用最精粹的文字演繹了這個道理「三十而立，四十而不惑，五十而知天命，六十而耳順，七十而從心所欲，不踰矩。」而我覺得作者書裡所引用的美國著名哲學家梭羅名言，更是用最淺顯直接的方式一語中的：「人生最大的悲劇莫過於，你花了一輩子的時間釣魚，最後才發現自己並不想要那條魚。」你就明白，從這些長者身上找到的這五個祕密有多麼珍貴，而究竟五個祕密爲何？在你開卷閱讀本書前我先賣個關子，邀請你靜下來，傾聽你心裡的聲音，也就是這些在死前覺得自己這輩子活得很滿足、沒什麼遺憾的智者不斷問自己的：「我是什麼人？為什麼在這裡？」，還有「我現在的生活是我想要的嗎？」一分鐘之後，請你開始閱讀本書。

推薦序　五把金鑰匙

沈政男
老年精神科醫師

從古到今，絕大多數人都想尋求人生智慧，好用來獲致一個幸福又有意義的人生。俗話說，讀萬卷書不如行萬里路，然而以尋求人生智慧來說，行萬里路又不如跟走過人生大半歷程的老人家促膝長談。

很多人知道長者的人生智慧十分寶貴，但只有少數人可以耐心聆聽，更只有極少數人有機會遇到一位願意傾囊相授的長者，將其旅行人生所累積的經驗與心得，像對自己的兒孫後輩耳提面命，希望他們不要走上冤枉路、黑暗路一樣，親切誠懇又慈藹地娓娓道來。

或許，《這一生，你要知道的五個祕密》的作者約翰．伊佐，一位擁有社會學、心理學與組織溝通學多重學位的美國暢銷作家，就因爲察覺到這樣的需求而想要撰寫這本書。本書訪談了兩百多位六十歲以上的長者，由專業人員一對一，以結構式問卷探詢老人家的成長歷程與人生經驗，再由作者從中萃取精華，用簡潔流暢又生動的文筆，釀造出一瓶裝滿人生智慧的陳年好酒。

兩百多位六十歲長者，總合起來是一萬五千歲，所以說閱讀本書，宛如聆聽一位一萬五千歲的長者述說人生智慧。

採取「X歲前一定要完成的Y件事」這類寫法的勵志書籍，近年十分盛行，但未必都能得到讀者青睞，原因就出在「X歲」、「完成」與「Y」幾個字。書名如此，那麼大於X歲的人，就不須讀；完成這些事項如果難度太高，也不必讀；而Y若多達兩位數，更讓人望之卻步不想讀。

《這一生，你要知道的五個祕密》這本書，完全沒有這樣的問題。十八歲的人應該讀，八十歲的人也可以讀，因爲成長是一生的事，人一直到死前都有改變自己的機會。書中沒有上天下海、創業立功這類浮誇建議，而是以五個觀念爲讀者醍醐灌頂，改變人生態度。不是亂槍打鳥，就只用五把金鑰匙，開啓智慧之門，幫助讀者尋求幸福又有意義的人生。

第一把金鑰匙是「忠於自己」。爲什麼許多中學生順從爸媽指示選塡升學志願，等到上了大學發現學非所願，卻又責怪大人胡亂建議？有多少人做一行怨一行，被問起眞正想做什麼卻又支支吾吾？渾渾噩噩過了半生，中年危機到來，只能在酒色財氣裡尋找刺激。或者，到了八十歲生日那天，一早被自己的心跳喚醒：「起來，去騎車環島，實現十八歲時的人生夢想！」關鍵就在於能否及早傾聽自己內心的呼喚，描繪自己想要的人生、想變成怎樣的人，並把心力投注在眞正重要的事情之上。

第二把金鑰匙是「不留遺憾」。在人生旅途上，每一個人都會面臨一些關鍵的選擇時刻，比如，該出國深造還是先進入職場獲取實務經驗？繼續上班忍辱負重還是乾脆自己創業海闊天空？早點成家比較安定還是單身自由也不錯？而那一刻所做的選擇，經常就此改變人生軌跡。當關鍵時刻到來，一個人有沒有勇氣接受挑戰，還是受制於心中的恐懼而選擇逃避，決定了一個人的人生是否不留遺憾。

第三把金鑰匙是「化身爲愛」。這是把人生當成田徑場或拳擊擂台的人常有的問題，只知衝衝衝，欲上青天攬明月，等到獲得了全世界，才驚覺失掉了身邊的人，甚至沒有人爲自己的成功而高興。留點時間給家人朋友，學習寬容待人，還有最重要的，愛別人前，必須先愛自己。

第四把金鑰匙是「活在當下」。四十歲以前很難聽懂這幾個字，等到人生進入下半場才會知道，每一天都必須過得好像最後一天。所謂人生智慧，就是在年輕時便知道，不要後悔過去，不要擔心未來，而是要把心力專注在此時此刻。

第五把金鑰匙則是「多施少受」。給予是主動，接受是被動；主動乃操之在我，接受則是受制於人，而能夠掌握自己的人通常比較快樂。人的生命有限，族群的繁衍無窮，當世界因我而變好，看到年輕一代可以過著幸福又有意義的生活，便不會懼怕死亡到來。

我是老年精神科醫師，有幸傾聽老人家的心聲，領受他們的人生智慧。閱讀《這一生，你要知道的五個祕密》這本書，讓我想起長者們慈藹、寬容、無懼又無惑的笑靨。誠摯推薦給每一位正在尋求幸福及有意義的人生的讀者。

推薦序　人生是我們每天走過的路

洪仲清
臨床心理師

「人生不是哪一個目的地，而是我們每天走過的路。」

這是我最近對某位朋友講的一句話，他因爲家裡的事，煩心操勞，失眠疲憊，記憶力越來越糟。很多事沒辦法解決，但是照顧好自己，善用此時此刻，這是操之在己，多做一點就是一點的行動。

這是《這一生，你要知道的五個祕密》的第四件事，活在當下的概念。朋友告訴我，他眞的不知道還能做什麼，我提醒他，睡眠問題可以先面對。能睡飽，心情會比較好，對於苦難也更能承受，腦力也能恢復一些。

「沉浸在人生的每一刻，不評斷自己的生活，只是用心體會活著的感受。」這是書中給「活在當下」這個概念所下的定義。既然正在進行我們的生活，就下定決心認真好好過，不用把過多時間花在評斷自己。把握當下，「現在、馬上，我能夠做什麼，讓自己更好？」多問這種問題，自然而然就會知道還可以如何行動。

生活不是我們碰上了什麼事，而是我們對這些事怎麼回應。擔憂、懊悔，都是一種回應的方式，用這種情緒過生活，不知道未來會不會比較好，但常能減少我們現在的平靜，這是比較確定的事。

我面對的當事人，在心理上痛苦的時候，常會想著，「到底我這樣每天生活，是有什麼意義？」

負面情緒常提醒我們，我們失落了生活的意義，這對我們來說，不見得是壞事。找出意義，生活會更有動力。然而，有了負面情緒的引導，這個微小的聲音一直在呼喚著我們要注意，我們卻置之不理，那是沒有忠於自己——這是

推薦序 這一生，值得好好過

王意中
王意中心理治療所所長／臨床心理師

如果今天就要離世了，你是否會微笑看待這一切？心滿意足，了無遺憾，因爲這一生你發現「値得」。

與其我們對死亡憂慮、害怕、逃避，倒不如讓我們轉個念，思考該如何好好活著。沒有一定的標準答案，沒有非得如何不可，但卻是自己理想中，好好活著。

當然我們不需要等到最後一刻，才開始回顧自己這一生。這麼做，總是充滿著賭注。或許過去沒有想過這道問題，那麼別遺憾，就是現在。此時此刻正在閱讀的你，就正好檢視自己前半生，後半生，可以如何過。

我們可能茫然無措，也不知該如何檢視，這一路走來的人生是否存在對錯？也會瞻前顧後，下一步，向左走，向右走，哪個方向最適合？從別人的故事中，讓我們看見生命的各種可能性。從別人的言語中，讓我們聽見生命的意義。

或許我們的下一步，只能做出一項決定。但至少當我們抬起腳，準備踏下的那一霎那，可以有許多的選擇，下好離手。

在這個世界上，我們不需遺世獨立，因爲身旁有著許多重要的他人與事物，陪伴著我們走過這一生。

人生總是充滿著無常，這些不確定性，在有限的時間裡，卻讓生命充滿著各種可能性。而生命的奧妙，也身藏在其中。

無怨無悔，至少每一天都讓自己踏踏實實的生活過。這是理想的境界，讓我們發覺快樂的泉源，幸福的殿堂，意義的所在，事情的輕重緩急。

《這一生，你要知道的五個祕密》，或許在我們生命之中的深處，塵封已久，已經堆積了許多年，卻無視於它的存在。

令人欣慰的是，這部作品的再度出現，讓讀者有緣重新檢視自己過往的一切。讓我們可以甩開他人所認定的重要事件，回到自己的初衷，好好思索，自己所在乎在意的究竟是什麼？

我們花了許多年，爲了別人所設定的樣板而活。隨著時間的流逝，越來越不熟悉了自己。透過閱讀讓自己重拾以及追隨自己內心裡的鼓聲，舞出生命的節奏。

不做不錯，少做少錯，讓我們錯過了生命中許多的機會。鼓起勇氣嘗試，依然無怨無悔。書中許多的人生故事，作爲我們支持的後盾。

我們需要愛，讓愛來滋潤我們的生命。然而我們需要重新的檢視自己所認定的愛，究竟是怎麼一回事？愛需要學習，愛需要感受，愛需要做出選擇。

我喜歡把每一天，都視爲這一生獨一無二的一天，讓自己隨時提醒好好珍惜當下的每一刻。當下，最是美好。這是我時時給予自己的提醒與註解。

施比受更有福，僅將我們所擁有的，所具備的，無論有形無形，傳遞與分享給生命中，所需要的人。而《這一生，你要知道的五個祕密》這本書，期待與你遇見，讓我們生命改變。

目錄

前言 你可以還沒老去就有智慧

一本書的前言，是讀者從花花世界進入作者內心的窺探之窗，最適合用來回答兩個問題：作者為什麼要寫這本書？讀者能從本書獲得什麼省思？

我之所以會寫本書，是因為我這輩子都在尋找生命的意義，我想知道怎樣的生活方式才算充實、有意義。從我很小的時候，我就想知道怎樣才算活得幸福、如何才能快樂地死去，我最愛的歌、百看不厭的電影、閒暇時讀的書，很多都是在告訴人們什麼才是生命的眞義。我希望在自己死去之前，能夠發現人生的意義，而這場意義探索之旅在我八歲父親去世時，顯得更爲急迫。他離開我們時只有三十六歲，生命是如此的短暫，誰也不知道自己還有多少時間能夠挖掘生命的意義。

年輕的時候，我有幸能陪伴一些人走完生命的最後一程，我發現，每個人在離世前的心境都不一樣，有些人覺得這輩子活得很滿足、沒有什麼遺憾，有些人卻抱憾而終，我二十幾歲就開始研究讓這些人離世心境不一樣的因素。

很多年以前，瑪格麗特女士告訴我，她這輩子一直都努力用「坐在門廊搖椅上的老婆婆」的觀點過日子。她說無論做什麼決定，她都會幻想自己是一個坐在門廊搖椅上的老婆婆，悠悠地回顧自己的一生，她會請那個老婆婆指引她人生的道路，多麼美麗的景象！

於是，我的內心產生一個想法：我們在人生下半場活出的心得，如果能提前在上半場就知道，是不是對整段生命更有益？如果我們能向活了大半輩子，而且活得很愉快的長者請益，是不是能夠學到重要的事情？

每次我要旅行的時候，都會先上網看別人的意見再決定要訂哪家飯店，從那些慷慨分享資訊者的身上，我找到很多「好料」。多年來，我利用這個簡單的方法挖到很多寶藏，避免淪為無知的人，我想，我們應該也可以用這個方法找到幸福人生的祕訣。

我相信，只要我能找到明瞭人生眞義的人，聽他們說故事，幸福快樂的祕訣就會自動浮現。去年一整年，我極力尋找符合這個條件的人，我們安排了幾百場的訪問，傾聽他們的人生經歷，探究他們在「生命」這堂課學到了什麼。

就我了解，我們每個人至少都會認識一位有智慧、大家能信賴的人，我透過網路詢問美加地區的一萬五千人是否願意推薦這樣一位智者，我問他們：「誰是你生命中的『長老』？你是否認識任何長壽、可以教我們生命智慧的人？」網友們的回應讓我震撼，我收到一千筆推薦名單。初訪後，我們找到二百三十五位來自不同背景的智者，我的目標是聽這些人說故事，從他們身上挖掘人生的祕密——我們死之前一定要知道的祕密。

這二百三十五位受訪者的年紀從五十九歲到一〇五歲都有，他們雖然全部來自北美，但種族、文化、宗教、地理、職業都不盡相同，儘管當中有好幾位的成就非凡，但我們的目的並不是訪問名人，而是三百六十行的卓越人士。從巷口的理髮師、老師、企業主、作家、家庭主婦、神父到詩人，從戰亂生存者到部落酋長，從穆斯林、印度教徒、佛教徒、基督教徒、猶太教徒到無神論者，我們請他們回答這個問題：死之前，我們應該要了解什麼事？這些走到生命後半段的人，會告訴我們什麼人生哲理？

我們和每位受訪者進行一到三小時不等的談話，由三個人負責安排所有的事情：萊絲麗．奈特（Leslie Knight）和奧莉維亞．麥艾佛（Olivia McIvor）與我。我們問了一系列的問題如：什麼事讓你打從心底快樂？截至目前爲止，你的人生有什麼遺憾？什麼事原本對你很重要，最後卻變得一點也不重要了？在你人生中曾經面臨哪幾個關鍵的十字路口？有哪些教訓是你希望更早學會的？

寫一本記述幾百個人生故事的書，眞的是一項挑戰，每個人的人生都是獨一無二的，也都有值得衆人學習的地方，但幾百個故事似乎太多了，所以我決定從中篩選五十個故事當作範例。爲了保護當事人的隱私，我一律稱呼名字、不記錄姓氏，此外，你會發現有些人重複出現了好幾次，那是因爲他們的故事能夠印證那個祕密。雖然本書只明確記錄五十位受訪者的故事，但請各位知道，除了少數例外，我們在二百三十五位受訪者的身上都挖掘到這五個祕密。

這是一本適合在人生各階段閱讀的書，無論你是剛展開自己人生的年輕人、走到一半納悶自己有沒有錯失什麼的中年人，或是已經走完大半路程的老年人，相信你在看完本書後都會有一些感想。就像新世代的網路瀏覽者，總是喜歡暢遊網海收集資訊、補充自己不足的知識，希望你也能因爲這些受訪者的故事而獲得一些啓發。智慧不一定要年紀一大把了才有，我們可以早一點主動追求；如果你擁有許多智慧，也不要吝於傳授給別人。

本書書名是經過幾番討論後決定的，原文書名爲《死前一定要知道的五個祕密》（*The Five Secrets You Must Discover Before You Die*）有兩層涵義：一、確實是有一些祕訣能讓人活得更快樂，而我們訪問的「長老」，全都知道這些祕訣並身體力行，所以活得幸福又有意義。二、「死之前」這三個字提醒我們尋找生命意義的重要，當我提議寫一本名稱有「死」字的書時，十個人中有八個強烈反對，一半的人認爲「死」字太過負面，一半的人認爲其實有必要放這個字在上面，他們說這樣能讓讀者知道事情的急迫性。事實上，我最常聽到這批人說：「天呀！時間怎麼會過得這麼快？」我們常常以爲我們有永遠的時間可以尋找問題的答案，實際上，我們的時間眞的非常有限。

雖然我大概知道這個計畫會產出什麼樣的結果，身爲一位研究員，客觀的角度非常重要，我們必須問問題，深入了解受訪者的生平，再跳出來請他們就自己的人生經驗提供一些意見讓別人參考，計畫結束時，我們對答案的相通性卻感到非常震懾。這些受訪者的個人背景（年紀、宗教、文化、職業、教育、經濟狀況等）雖然完全不同，但他們對人生應該怎麼過才會快樂、有意義的想法卻非常雷同，生命的智慧似乎超越我們以爲分隔彼此的各種界線，如宗教、種族、地位等，隨著時日在我們的腦裡增長。

我們三個負責安排訪問的人在計畫結束後，都因爲這次經驗深受感動。訪問之前，我們並沒有讓受訪者事先知道我們要問什麼題目，所以問與答之間，常常會有一大段空檔，我們發現，自己也跟著這些受訪者認眞思考每一個問題——什麼事讓我們快樂？什麼才是眞正重要的事？等到年紀再大一點，我們會怎麼回答？到時候會希望自己更早知道什麼事？我眞心希望你在看這本書的時候，也能反思自己的現況，用更深的方式發現你的成就和智慧。

其實還有一個私人因素促使我安排這些訪問。我的祖父是我人生的大長老之一，我們家族每個人都告訴我，他是位生命智者，不但找到幸福的定義，也幫助其他人尋找自己的幸福。我祖父有三個女兒，雖然他很疼她們，卻總是遺憾沒有生兒子，當我出生時，我媽說祖父告訴她：「約翰就是我從來沒有機會擁有的兒子，我要告訴他人生的祕密。」但他在我還小的時候，就因爲心臟病去世了，我從來都沒有機會問他本書裡的問題，在這二百三十五位長者的回答聲中，我似乎聽見祖父的教導，我知道他在遠處微笑的看著我。

本書有一個基本精神：我們不一定要等老了才能擁有智慧，可以早一點主動追求。我們可以在任何歲數探索生命的意義，越早發現，整個人生就會過得越充實。我訪問的一位「長老」告訴我：「只要有一個人因爲你做的這件事，提早幾年知道幸福快樂的祕密，那就値得了！」他的話道盡我們整個計畫的價値，希望你也能享受這趟揭密之旅，對我來說，整趟旅程有時歡樂、有時催淚，但最後極具啓發性。跟這些生命智者談話改變了我的人生，希望他們的故事也能改變你的人生。

第1章

爲什麼有的人能找到生命的眞義，快樂地死去？

十分之九的智慧，在於及時聰明。

老羅斯福總統（Theodore Roosevelt）

爲什麼有的人能夠找到生命的眞義，快樂地死去？幸福人生有什麼訣竅？如果我們希望自己的人生活得有價值，什麼才是最重要的事？這幾個問題的答案，就是本書要探討的。

想要活得聰明一點，我們得先認清兩個基本人生眞相：第一個就是我們每個人的時間都有限，而且限度不明確——可能是一百年，也可能是三十年；第二個就是在這有限且不明確的時間裡，我們有無數個選擇能夠安排自己的時間——我們能決定自己要做什麼事，而這些決定大大影響了我們的人生。每個人誕生的時候，並沒有隨身附贈一本人生使用手冊，從呱呱墜地的那一刻起，我們的生命就開始倒數計時。

大家都不喜歡「死」或「辭世」等字眼，人類有很多活動更是特意設計用來掩蓋生命眞相，不過在本書中，我們不打算避開這些話題，因爲我們並沒有用不完的時間。我想各位方才看到「死」字，或許就會覺得有點怵目驚心，擔心光看到「死」字，提醒自己也是個血肉之軀，就會因此觸楣頭。甚至你此刻心裡會覺得不舒服，希望我趕快跳過去寫別的事情。

但我們的時間有限、人終究會死這件事，依舊是個事實，也因爲如此，探索人生祕密這件事才顯得急迫，如果我們永遠不死，尋找讓自己活得更快樂、更有意義的方法，似乎就變得較不重要，反正我們有無限的時間，遲早都會發現這些方法。然而，這是我們不可能擁有的奢侈品，無論什麼年紀，死神始終在我們附近。年輕時，我們會覺得死亡這件事離我們很遠、彷彿不存在，當我幫各年紀的朋友舉辦過告別式之後（包括最近一個享年三十三歲，在肯亞旅行喪生的朋友），我想，死神應該總是在我們身邊徘徊，警告我們要好好把握人生。

一九九二年聖露西亞籍（St. Lucia）諾貝爾文學獎得主德瑞克．沃克特（Derek Walcott）形容時間是「既邪惡又珍貴」，一方面，我們知道時間很可怕，經常冷不防奪走許多對我們很重要的東西：另一方面，時間非常寶貴，生命的易逝讓活得快樂、有意義這件事，顯得更急迫、更重要。

知識與智慧

了解要怎樣活，才能將人生活得淋漓盡致，需要的是智慧，不是知識。智慧不同於知識，而且更重要。我們活在每六個月知識（資訊量）就倍增的時代，但智慧卻處於缺乏的狀態。知識是資料的集合，智慧是分辨輕重的能力，除非我們能了解什麼是真正重要的事，否則永遠也找不到人生的真義。

我的第一份職業是基督教長老教會的牧師，二十幾歲的時候，我就有機會陪伴臨終的人走完人生的最後一程。因為這份工作的緣故，我發現，每個人在死之前的心境都不一樣，有的人渾身活出朝氣，始終知道自己在追求什麼，回顧一生幾乎沒什麼遺憾，有的人卻一直懊悔當初所做的決定，覺得自己這輩子錯過太多重要的東西。年輕的時候，我就發現有些人找到人生的祕密，而其餘的人並沒有。

死亡這件事，對我而言一點也不抽象，我父親三十六歲就去世，那天我們原本還好好地在野餐，事情就發生了。我父親的人生一點也不完美，卻驟然畫下句點，沒有機會重來一次。到了二十八歲的時候，我已經主持過不下百場葬禮，我和人們共度他們在世上的最後幾天，我一直覺得這些經驗是難得的禮物，彌足珍貴，也或許是因爲這些經驗，所以我始終不自覺的在尋找活得充實、快樂的方法，我年輕時曾發過誓，當我要走的時候，絕對不要抱憾而終。

我太太萊斯莉（Leslie）是護士，她年輕時也常見證生命的脆弱，她待過開刀房、小兒癌症病房和急診室，我們時常談論死亡，相互提醒自己生命的可貴。萊斯莉曾幾度踏過鬼門關，她有先天性心臟病，出生沒多久就動過幾次大手術，但三年前的那場手術，最讓我們體悟到生命的脆弱。當時她到醫院做例行性檢查手術，一直到今天，我還記得十歲女兒席妮說的話：「媽，妳其實不需要開刀的，對不對？」萊斯莉還向她保證不會有事，隔天便入院接受檢查。

接下來七十二小時發生的事，至今對我仍是個謎。手術其實很順利，萊斯莉有點虛弱、覺得不舒服，我和孩子們留在醫院陪她，直到當天晚上。隔天萊斯莉覺得比較好了，所以我傍晚就離開她的病房，讓她休息。我告訴她我要回辦公室處理一些事情，隔天中午再來看她，我們預期她在一天內即可出院回家。

但隔天早上快十一點我打電話到醫院時，萊斯莉卻開始語無倫次，講一些我聽不懂的句子，於是我馬上趕到醫院，才發現她在凌晨突發中風，當時她才三十七歲。她被急救了三次，並且被轉入加護病房，當天稍晚，醫生要我做這輩子至今最困難的決定，他說：「你老婆急性中風，我們目前還在查明原因。現在我們得決定是否使用抗血藥物，這能救她，但也可能引起更多流血，要看中風的原因，請你做決定。」聽完醫生的說明之後，我思考了一下，同意他們使用藥物。其後數天，萊斯莉的病情還是不明朗，教人恐懼。

當這類意外發生時，當事人的心頭各自有段故事，我不能幫我太太陳述心情，但我在其後的好幾個月內，情緒一直動盪不已。那段日子我接了很多工作、一直忙著開會，當萊斯莉在家做復健時，我還是忙著工作，現在回想起來，我並沒有在她最需要我的時候陪在她身旁。

我不斷問自己：這樣的生活對嗎？到底什麼比較重要？我的朋友吉姆·庫澤斯（Jim kouzes）告訴我：「逆境讓我們更認識自己」，而在當時，我並不確定自己是否喜歡鏡子裡的那個人。萊斯莉慢慢復原，但看她每天做那些原本輕而易舉就能完成的復健動作，我很難過。我不斷思考接下來的人生，那次中風提醒了我們生命的脆弱，還好那只是一記警鐘。

到了那一年年底，萊斯莉已經恢復得差不多了，我眞的很感恩，雖然我覺得整件事好像只是緩刑，但我很慶幸我們走過這一遭。我們對健康及人生的信心因爲這場意外而瓦解，生命是如此的短暫，我開始問自己：我眞的知道什麼才是眞正重要的事嗎？如果今天是我在人世的最後一日，我能說我已經知道人生的祕密嗎？在邁向五十大關、伴侶剛從中風康復之時，我正式踏上本書的揭祕之旅。

本書源於我想釐清生命中眞正重要的事——到底怎麼做才能活得快樂、有意義？隨著年紀越來越大，我越來越急於想知道那些懸宕已久的問題的答案：什麼才是人生眞正重要的事？當生命終了時，我的心裡會想什麼？既然我只剩下這麼多的時間，又該如何把握？幸福快樂的祕訣，到底是什麼？

我們最渴求的兩件事

對我來說，身爲人類的我們對於兩件事最爲渴求。心理學家佛洛伊德（Freud）的理論認爲人類最基本的需求是享樂和避免痛苦，但就我這輩子與五大洲成千上萬人，而非精神病患的接觸（首先是當牧師，然後我轉換生涯跑道，開設個人成長課程），聽完他們的故事之後，我相信佛洛伊德是錯的，且錯得非常離譜。

根據我的經驗，人類最渴求的兩件事是，追求人生的「幸福」和「意義」。我們很容易用一些浮淺的字句如「別擔心，快樂一點！」來鼓勵別人，以爲開心就是「幸福」的涵義。我們很常將短暫的舒適，如美食和性愛爲我們帶來的歡愉，錯認爲「幸福」。但我所謂的「追求幸福」，指的是每個人都想體驗生命的喜樂和發自內心的成就感，我們都想知道自己是否盡情體驗人生、了解做人的意義。

當代神話學大師喬瑟夫．坎伯（Joseph Campbell）是這麼說的：「我想，我們追求的，不過就是一種活著的體驗。如此一來，我們形於外的人生閱歷，才能與內心深處的眞我共鳴，我們也才能眞正感受到活著的狂喜。」[1]這說的不是永恆的極樂，而是我們從日常各項活動中獲得的滿足感和快樂，在每一天就寢前，或是生命的最後一刻，我們都希望自己的感覺是像我祖父說的，「累得好愉快」。

然而只有「幸福」，對於身爲人類的我們是不夠的，我相信，我們還想要尋找人生的「意義」。如果「幸福」是源自於日常生活的滿足感和快樂，「意義」指的大概就是一個人的生活目的。佛洛伊德的學生，同時也是納粹（Nazi）集中營的生還者維克多．法蘭克（Victor Frankl）認爲，人性的終極渴望是尋找意義，我們最想知道自己存在的價値、自己活著的目的。有些人把這個稱爲「人生的目的」，有些人稱爲「生命的印記」，也有人稱爲「來到這世上的使命」。

1　引自《神話：內在的旅程，英雄的冒險，愛情的故事》（*The Power of Myth*），由喬瑟夫．坎伯和莫比爾（Bill Moyers）合著。

光是知道這五個祕密是不夠的，我們知道太多自己做不到的眞理，如：運動有益身心、均衡飲食常保健康、吸菸可能致癌、感情甚於金錢等，但很多人每天還是用相反的方式在度日。在本書中，我希望解開兩個問題的答案：一、什麼才是人生眞正重要的事——怎樣才能活得充實、有意義？二、我們要如何在日常生活中實踐這些祕密，隨時提醒自己不要忘了它們？

「知行合一」，知道是必要的，但光知道並不夠，知道之後還要立即起而行。在我逐步揭開這五個祕密之前，下一章我們先來看當初我們揭祕的方法。

第2章

長老教我的智慧

生而知之者，上也。學而知之者，次也。
困而學之，又其次也。困而不學，民斯為下矣！

孔子

想像一下，你現在正計畫到一個充滿異國風情的神秘國度旅行。你這輩子努力存錢，爲的就是到這個國家去玩，在那裡你有無數種方式可消磨時光。你知道自己沒辦法每種方式都嘗試，而且你很清楚自己不可能去第二次，這是你這輩子唯一能盡情體驗這個國度的大好機會。

假使有位好心人告訴你，你家附近有一些人去過這個國家，並且玩遍各個角落，其中有人玩得不亦樂乎，整趟旅程非常盡興、幾乎沒什麼遺憾，而其他人則希望自己能再去一次，把當初沒玩到的地方再好好玩一次，你會不會邀請這些人到你家吃個飯？請他們帶當時拍的照片給你看，說說旅行時發生的趣事，提供你一些建議？當然，你一定會就自身喜好決定怎麼安排自己行程，但你不會笨到不聽這些人的意見、不做任何功課就上路，對吧？

人生就好比這趟旅程，我們只能上路一次（以人類目前所知）。我們每個人都有一段不確定的有限時間，有些人滿意整趟旅程，有些人卻滿心懊悔、恨不得重來一次，爲什麼我們不聽聽這些已經踏上旅程的前輩會給我們什麼建議？本書的想法很簡單：如果我們能夠找到一些活得夠久、知道什麼才是幸福的人，聽聽看他們這一路走來的想法，我們就能發現死之前一定要知道的人生祕密。

「長老」計畫

或許就是因爲我相信智慧來自於傾聽，當我開始尋找幸福人生的祕訣——怎樣才能活得充實、有意義時，我決定聽別人說故事。我的方法很簡單：請一萬多個人告訴我是否認識任何長壽、了解幸福與人生意義的人，告訴我，誰是他們生命中的「長老」。大家的回應著實讓我們感到震撼，辦公室每天早上湧入大量語音留言、電子郵件和信件，告訴我們他們認識哪些朋友、父母及同事符合我們要找的人的條件。透過初訪，我們將這份推薦名單減爲四百人，再經過簡短對話，最後我們鎖定二百三十五人。

找到這些人之後，我們以見面或是致電的方式，和每個人進行一到三小時不等的訪問，試著了解他們在人生當中學到什麼。我們問每位受訪者一系列的問題，包括：什麼讓你打從心底快樂？什麼讓生命有意義？什麼事情只是在浪費時間？如果人生能夠重來一次，你會有什麼不同的選擇？你覺得人生有什麼祕密？你如何實踐這些祕密？在人生當中，你曾經面臨哪幾個關鍵的十字路口？你對死亡的想法？當我們進行這些訪問時，多數的時間我們都在聽受訪者訴說自己的經歷和待人處世的方法，我們試著從各段故事中找出共通點。

對我來說，「長老」存在於我們四周，我們只需要抬頭一望，就能看見他們，這些人有滿腹經綸可以教我們。這種強烈的牽繫常存乎於祖孫之間，因爲小孩直覺上就能察覺年紀與智慧的關係。

但我們年輕時，也發現並不是所有長者都有智慧，雖然智慧與年紀有關，但年紀大了有時並未增長出任何智慧。我們很多人都認識，或曾經認識只會埋怨生活的長者，他們似乎沒有從消逝的時光中學到什麼東西。就因爲這樣，所以我不僅希望和長壽的人談話，也希望和公認有智慧的人談話，而這些「長老」的智慧在於，他們有分辨輕重的能力，能在日常生活中把心力專注在眞正重要的事物上。

和長者談話的價值

在我們的社會裡和長者聊天以了解生活的方法，似乎不是很常見的一件事。我們的文化崇尚年輕，大家都覺得新的、流行的是最有價值的，無論是筆記型電腦、汽車或是人，都是如此。聽老人的意見，到底有什麼寶貴的？如果我還很年輕或是正值中年，爲什麼我要聽老人解說人生的祕密，而不去問各年齡層看起來很快樂的人？

羅馬尼亞有句諺語說：「房子裡沒住老人的，得去買一個。」人類文化在我們之前數千年會崇敬老年人，是有原因的，假設每個人都能活到七十五歲，加減二十年，用這段時間來從日常生活中擷取智慧，似乎也不夠長。

去年我獲得難得的機會到坦尙尼亞（Tanzania）和幾個部族相處一段不算短的時間，就是因爲在那裡看到長老被尊敬的方式，所以我萌生了「長老」計畫念頭。在這幾個部族當中，伊臘克（Irak）人年滿五十歲就可以加入長老會，他們有專爲男人和女人成立的長老會，一個人之前的人生，就是爲了要加入長老會而準備的，長老們負責決定整個部族的大事。當時我剛好遇到一個四十九歲的人（跟我同樣年紀），只差一年就當長老，他告訴我即將成為長老的感覺，「比好還要更好」。聽到這話的人都不難察覺並同意，他整個人生，就是為了要當長老而活的。

當伊臘克族人為我們解說成為長老的過程時，連帶問起：「你們的長老會又是如何的呢？」在場的十五個北美男人，每個不是即將就是已經超過五十歲，語帶不安地解釋，自己的社會並沒有長老制這種東西，只要年紀一大，常常會被送到安養院或成為獨居老人，我們住在一個「年輕比較值錢」的世界。

伊臘克的長老們聽完之後無不大吃一驚：怎麼可能？他們開了一個會，強烈建議我們回家組一個長老會，要「那些年輕人乖乖聽話」。有趣的是，伊臘克人也告訴我，他們時常邀請年輕的族人加入長老會當「客座長老」，因為有些人年紀雖然輕，但已具備足夠的智慧。這是多麼棒的機制！年紀大了的確會增長智慧，但我們也能早一點擁有智慧——我們可以在各個年紀發現人生的祕密。

人類的智慧之年

我們一開始進行訪問時，魔力歲數並不是六十，我們訪問五十歲以上的人。但在前二十五場訪問結束後，我們三個工作人員都發現，六十歲以上的人的回答方式，跟六十歲以下的人的回答方式，明顯不同。我們發現，人到了六十歲會開始回顧自己的人生，而六十歲以下的人還在繼續向前進，無法跳脫出來對自己的人生做全盤觀察。這也許跟演化或是造物者的祕密有所關聯，人們老了會回顧自己的一生，也許是因爲想在死去之前，把這輩子學到的東西傳承給下一代。我們從這些訪問發現，人類在接近六十歲時不但能繼續活在當下，也能開始用超然的態度回首整段來時路，因爲這個能力，我們將六十歲稱爲「智慧之年」。如一九八〇年諾貝爾文學獎得主，波蘭詩人卻斯羅·米洛茲（Czeslaw Milosz）寫的：「言語靜默之後，我感受到的平靜，與死亡有關。」無論原因爲何，我們注意到六十歲前後的差異，所以將心力放在六十歲以上的長者。

然而，這並不是說六十歲以下的人就沒有智慧；事實上，整本書的想法還是我們可以在任何年紀發現並實踐這五個祕密。我們會將心力改放在六十歲以上的長者，是因爲我們發現和這些能跳出來回顧自己人生的人談話，可以看到不一樣的切入點。此外，有時不到生命的盡頭，無法確定一個人是否已經找到幸福，有些人三十歲就意氣風發、好不得意，但最後卻抑鬱收場，所以我們認爲訪問已經走完人生大半路程的人，是比較聰明的辦法。

英國劇作家蕭伯納（George Bernard Shaw）說：「年輕的歲月是這麼的美好，可惜總是被年輕人給虛擲了。」我想他的意思是，人往往花上大半輩子的時間在尋找生活的方法，等到我們終於知道什麼是人生眞正重要的事了，時間卻用完了。然而，我們眞的不需要等老了才能擁有智慧，也不需要到頭髮花白才能了解什麼是人生眞正重要的事，而這就是我邀請你一起聽「長老」們說故事，共同汲取他們身上的智慧的原因。

第3章

人生的第一個祕密

人生最大的悲劇莫過於，你花了一輩子的時間釣魚，最後才發現自己並不想要那條魚。

亨利・大衛・梭羅（Henry David Thoreau）

跟兩百多個人聊天，了解他們從人生中體悟出什麼意義，對我來說不但是一份很棒的禮物，也是一項很大的挑戰。我們聽到的故事不但寓意深刻、有趣，有時還摻雜了不少教訓。訪問前，我們並沒有事先讓受訪者知道我們要問哪些問題，所以有很多受訪者是一邊陳述過往，一邊發現自己內心深處的想法，這種感覺眞好。有時候我覺得自己好像在看這些生命智者發現他們人生幸福的秘訣，而有時候他們很明顯的知道自己在講什麼話，好像很久之前就學會這些道理，也很常用各種方式跟別人分享這些道理。

這些訪問的挑戰在於，我們得從幾百個人的故事當中尋找共同的眞理。大家用迥然不同的方式陳述相同的事情，這讓我想到小時候玩的傳話遊戲，大家排成一列，從第一個人開始傳話，到最後說的話完全都不一樣。我得仔細聽這些話有什麼共同涵義、這麼多的故事有什麼相同道理，設法找出「長老」們的核心智慧。

有一個問題很重要，那就是——到底有沒有一件事是凌駕於所有事之上，能確保我們一定會獲得快樂與滿足感？我相信有，而如果我們想用聰明的方式過日子，這件事就是我們必須了解的第一件事。

在這些訪問中，有很多話是一直重複出現的，很多「長老」一直都說「要傾聽你內心的想法」、「要誠實面對自己的感覺」、「你得清楚自己是什麼人，以及爲什麼在這裡」，還有「你得知道什麼事對你才重要」。那些在死之前覺得自己這輩子活得很滿足、沒什麼遺憾的人，跟我們最大的不同在於，他們不斷地問自己：「這種生活是我想要的嗎？」並一直跟著內心的想法找答案：因此，第一個祕密就是：忠於自我——忠於深處的那個我，並且活得有目標。

對你最重要的事是什麼？

想要跟隨自己的心、忠於自我，首先我們得下決心張開眼睛生活。什麼是「張開眼睛生活」？蘇格拉底（Socrates）說：「未經思考反省的人生，是不值得活的」，換句話說就是：除非你不斷檢視自己的生活，確定自己的方向沒有走錯，否則很可能這輩子都在幫別人過活，直到死之前才發現自己走的是別人的路。

我在這些「長老」身上學到，智慧來自不斷地自省，一而再、再而三地反問自己現在的生活是不是我想要的，再就理想與現實做調整，直到接近自己心中的藍圖。跟這些「長老」相反，我們很多人完全不反省自己的生活，只是在「體驗」人生，很少問自己怎樣才能踏上自己想走的那條路。

我們的受訪者當中，有一位七十二歲的艾爾莎女士，總結了自省，也就是「張開眼睛生活」的定義。我請她提供一句忠告，告訴那些比她年輕的人怎樣才能找到人生的幸福和意義（我們問每位受訪者這個問題），她說：「我不知道該說什麼。如果要我告訴別人什麼是幸福的秘訣，我得和他們一塊坐下來，好好看著他們的眼睛，知道他們是誰、有什麼夢想才行。我會這麼說是因爲幸福的秘訣就是『忠於自我』。」我們每個人心裡都有一條自己最嚮往的道路，如果我們跟著那條路走，最後就會看見幸福。幸福的人問的問題不是「我是不是在做最重要的事」，而是「我是不是在做『對自己』最重要的事」。

問自己三個關鍵問題

我們要如何忠於自我？秘訣就在於要「活得有目標」，要常常不斷自問三個問題：

- 我有沒有跟隨自己的心，忠於自我？
- 我的人生有沒有專注在我覺得真正重要的事上面？
- 我現在的樣子符不符合我想當的那個人？

七十一歲的喬治，是一名退休物理學教授，他教書教了快四十年，學生橫跨好幾個世代，我很自然就問起他教成千上萬個學生有什麼心得，他告訴我：「聽從自己意願的學生，跟那些沒聽自己意願的學生，有很大的不同。」他說有些學生在追求別人的夢想，可能是他們父母的，也可能是他們自己不小心走進不合適的領域，這些學生總是在垂死掙扎。但那些聆聽自己意願的學生，他說：「有的雖然不怎麼聰明，卻總是能夠克服挑戰。很多年之後，當我遇到自己教過的學生，那些聽從自己意願的一直都表現得很好，沒聽自己意願的似乎一輩子都在垂死掙扎。」就像喬治博士在他學生身上看到的，我也在受訪者身上看到相同的差異。當你跟隨自己的心，整個世界都會不一樣，我看過好多因爲忠於自我，整個人活得很幸福的例子，也看過好多因爲不正視自己內心的想法，而一輩子鬱鬱不得志的例子。

一個人如果沒有忠於自我，通常源於小時候不是問自己想做什麼，而是拿自己和別人做比較。在這些受訪者當中，有位演員安東尼，高齡八十五歲還持續在做導演和表演的工作。過去七十幾年他一直走在自己嚮往的路上——演戲和娛樂，即使到了現在，他的醫生告訴他：「無論你做的是什麼，持續下去，因爲那對你很有用。」安東尼說：「我做的就是忠於自我。」

安東尼跟我說他在很小的時候，總是會觀察高年級的學生，每年選一個當榜樣，希望自己變得跟他一樣。直到有一天，他突然了解自己並不是這些人，讓自己快樂的方法並不是決定要變成哪一個人，而是想清楚自己要的是什麼。他給我的建議是：「別想著當別人，只要確定自己當的是自己就可以了。」

很多年以前，有本雜誌把我列爲「最有可能成爲下一個湯姆·畢德士（Tom

Peters）的人」之一，湯姆．畢德士是當代管理大師，最有名的著作是《追求卓越》（*In Search of Excellence*）。那期雜誌出刊後過了幾年，我跟幾個幫我安排全國巡迴演講的人見面，他們問我有什麼因素讓我跟別人不同，我告訴他們那期封面故事的事，說自己是最有可能成爲下一個湯姆．畢德士的人。語畢，全球最大公開講座公司的執行長馬上皺眉，嚴肅地說：「我不希望你成爲下一個湯姆．畢德士，這個世界上已經有一個了，我希望你成爲第一個約翰．伊佐。」我想他教我的方式，跟喬治博士教他學生的方式一樣，我們要問自己的第一個問題永遠是：「我現在的生活有沒有忠於自我？」這個問題對我的幫助非常大，讓我更深入了解自己跟別人不同的地方，而不是只想要模仿別人。

你離紅心有多遠？

年輕時我念的是基督教新教學院，我學過古希臘文和希伯來文。在聖經「罪」（sin）這個字，源自於古希臘文的射箭運動，意思是「沒有射中目標」。

人生的最大罪過，應該是錯失自己的人生目標，而這就是英國桂冠詩人華茲華斯（Wordsworth）爲什麼在哲學詩《序曲》（The Prelude）中寫說自己一定要當詩人，否則就「犯了大罪」的原因。用這種方式解讀的話，想要活得有目標，我們就得問自己：「我的人生離紅心有多遠？」

「忠於自我」有兩層涵義，首先在日常生活中，我們要常常自問是否對自己的靈魂忠實。我常跟別人說，人生的問題在於它的日常性，一段快樂、有意義的人生，是由無數個快樂、有意義的日子累積而成的。當我聽別人說故事時，有一點非常明顯，那就是有智慧的人都知道什麼是「美好的一天」。我祖父就說過，每一天都「累得好愉快」，就是「美好的一天」。他還用「累得不滿足」來做比較，他告訴我，「累得好愉快」的生活方式是只重視自己覺得眞正重要的事，而「累得不滿足」是你表面上很風光、看起來是個贏家，但其實你並沒有忠於自我，用自己最希望的方式生活。對我來說，認識自己的第一步，就是了解什麼是讓自己每天都「累得好愉快」的生活方式。

要做到這點其實並不難，只要常常自省就有幫助，特別注意在「累得好愉快」那天，有什麼事是忠於自我——是你真的很想做的，有什麼東西讓你感到滿足。同樣地，在「累得不滿足」那天，你也可以好好思考一下什麼事讓你覺得不滿足。我用這個方法發現好幾件事，在我「累得好愉快」的日子裡，我都會外出，即使只是在公園散步十五分鐘都有差別，而且我會留時間給別人，尤其是朋友和家人。在「累得好愉快」的日子裡，我覺得自己不像在工作，我努力讓工作變得不一樣，而且我會找時間運動。相反地，在「累得不滿足」的日子裡，我一整天都在工作，沒有時間陪家人和朋友，也沒有時間看書或學習。藉由注意並思考這些小小的差異，我變得更清楚怎麼安排自己的生活，也盡量讓自己每天都「累得好愉快」。我在這些受訪者身上都看到這個方法，快樂的人都知道什麼事讓自己快樂，而且總是把這些事排在第一順位。

我打了很多年的網球，每次在網球場上我都會忘記時間，這似乎相當符合喬瑟夫・坎伯說的「追隨你的幸福」。好幾年前的夏天，我參加一個網球營，營裡的教練給我一個建議，他們說大部分的人打網球都沒有在想，贏了一分就滿心歡喜，丟了一分就愁雲慘霧，沒有思考自己為什麼會輸或贏。網球營教我一個簡單的方法，在每一分之後問自己三個問題：一、我剛才是得分還是失分？二、我爲什麼得分或失分？三、我下一分如果想表現得不一樣，應該要怎麼做？這個方法讓我把網球打得更好，也讓我的人生變得更好。

假使我們都能在每一天就寢前問自己三個問題：一、我今天是「累得好愉快」，還是「累得不滿足」？二、如果是「累得好愉快」，是爲什麼？如果是「累得不滿足」，又是爲什麼？三、如果我希望明天過得不一樣，我該做哪些事？假使我們每個週末、每個月的月底、每一年的年尾都問自己這三個問題，我們的人生就會離紅心越來越近。

當然，跟隨你的心、忠於自我還包括大範圍的問題，如：「我的職業和我工作的內容，能不能代表眞正的我？」、「現在這條路是我想走的嗎？」、「我有沒有當自己想當的那個人？」等。

如何活出真我

接受我訪問的人當中，有位西班牙女士璜娜，六十四歲。他們家是從尼加拉瓜（Nicaragua）移民來美國的，當年她只有三歲，她說：「我們是真的坐香蕉船過來的。」她跟我說拉丁文化有個觀念叫「真命」（destina），很類似我們對命運的看法，說的是我們每個人出生都有一條真道必須依循。與其用宿命論來解釋，例如說她就是注定當總統或他就是注定要失敗等的，這個觀念更像梵語的「達磨」（Dharma）——我們每個人都有一個真正的本質。

還有很多話在描述這個觀念，像我在前面提過的「追隨你的幸福」就是，這些話都只是用不同的方式在陳述相同的事——我們每個人心裡都有一條最貼近自己的道路，當我們跟著那條路走，就會獲得滿足。那麼，「跟隨自己的心」究竟是什麼意思？更重要的是，我們要怎麼知道自己有沒有跟隨自己的心？

「跟隨自己的心」指的有好幾件事，包括做自己最有興趣的工作、真實面對自己選擇的生活、正視自己內心的渴望，還有花時間傾聽內心那股微小的聲到冰層時，他最後一個朋友也轉身離開。湯姆沉入湖中，覺得自己的生命即將在這些水裡消失，抬頭只見一片黑暗，已經看不到當初讓他落入水裡的那個洞了。

「我知道我馬上就要死了，不知道為什麼，我想到的卻是環繞湖邊生長的樹。那些樹是山楊，我們族裡的人管它們叫顫楊，因為它們的葉子很小，會隨風飄揚，整片樹林感覺起來就好像在顫動的樣子。當我覺得自己快要死了，我腦裡想到的是這片顫楊，還有我這輩子沒有機會再看到它們。在我差不多要放棄的時候，我感覺那些樹在呼喚我，所以我抬頭看最後一次，剛好看到冰層有一個不大不小的圓洞，而之前並沒有那個洞。我向上游抓住冰層，這次有抓穩，我聽到最後一個走的朋友就在我的耳邊，所以我叫出聲請他幫忙。他回頭找我，脫了外套讓我抓，然後慢慢地把我拉上湖面。」

被救出水面的那一刻，湯姆非常感激，但他馬上就對自己的經驗感到納悶：「我一直想不透為什麼會在快要死了的時候想起那些樹，我為什麼沒想起我的家人、父母或祖父母？我想到的都是樹，都是那些顫楊的樣子，還有我這輩子沒有機會再看到它們了，這個謎一直放在我心上多年都解不開。」

這件事過了二十年，湯姆有次跟一位女巫醫說起這件事，這位女巫醫有治癒他人的能力，她告訴湯姆是這些樹救他的，因爲他的命運注定要主持儀式。在湯姆的族裡，山楊是某些祭典的主角，女巫醫跟他說：「你天生就是要當一位療癒者」。湯姆想起過去，始終有股聲音在召喚他，要他當精神領袖，但他一直拒絕，在那一刻他了解自己的「眞命」，知道自己應該走哪條路。湯姆成爲主祭之後獲得一個聖名：站立的白水牛，從那刻起的三十年間，「站立的白水牛」在引領祭舞和當精神領袖這些事上，找到人生最深層的意義。湯姆的人生還是一直在做其他事，但主祭、成爲衆人精神領袖的這件事，已經變成他存在的意義。

我覺得，我們每個人在人生的湖泊周圍也種了一片顫楊，那片顫楊就是我們最眞實的自己，如果我們能認眞傾聽渴望的聲音，就能找到人生的幸福和意義；如果我們置之不理，我們的心就會像那個湖泊的裂縫一樣，永遠都無法被填滿。我們每個人都想抓住幸福，但幸福卻像湖上的薄冰那樣，一抓即破。對事。但在訪問中鮑伯說：「你們知道嗎？我們是選擇不要有小孩的。早在我們交往的時候，我就跟瑪莉說如果我們生小孩，她必須一個人帶，因爲我人生最重要的事是我的工作，我不希望孩子影響了我生下來必須完成的使命——保護大自然。瑪莉也有相同的想法，所以我們一起做了這個決定。」

幸福人生的祕訣如果指定了幸福的必要條件，對我們的助益往往不大。在這二百三十五位受訪者當中，有些人生來就是要爲人父母，那是他們最忠於自我的道路，沿著那條路走，他們活得非常快樂，我太太萊斯莉就是這樣的人。萊斯莉天生就是照護者，無論在家或是在醫院當護士，她都是走在最貼近自己的道路上，如果萊斯莉沒有生小孩，她就沒有依照她的「眞命」活，但對其他人來說，比方說鮑伯，則是反之才然。透過自省和傾聽自己內心的聲音，鮑伯知道他人生最重要的事並不是生育孩子。

不跟隨自己的心的後果，有時不僅讓自己徒留悔恨，也讓別人難過。我有個好朋友，總是能感覺到他母親不喜歡他們，她很努力要當好媽媽，但爲人父母這件事，對她來說似乎不那麼容易上手。他從小就注意到母親似乎抗拒身爲人母這件事，還只是個孩子的他知道自己並不被愛，也知道父母的感情似乎不怎麼融洽，父親有酗酒的毛病。

在我朋友三十好幾時，有天去看他母親，成年人的眼光讓他看到母親眼底深層的悲傷，她對人生的看法充滿了痛苦。我朋友鼓起勇氣憐惜地對她說：「媽，妳是不是從來都不想要孩子？」沉默了幾分鐘後她說：「兒子，我的人生犯了兩個大錯。第一就是離開蘇格蘭，我好愛蘇格蘭。第二就是嫁給你父親，生了小孩。」聽完之後，我朋友的內心不是充滿怨懟，而是安慰和同情。他的安慰來自於了解自己的直覺並沒錯——他即使盡力也無法換得母親多一點的愛，問題不在他身上；他的同情來自於看見母親沒有跟隨自己的心，還有他父親，或許他酗酒的部分原因是因爲知道，幾十年來與自己朝夕共處的那個女人，不是因爲跟隨她的心而嫁給自己，而是迫於責任而不得不然。

鼓起勇氣追隨自己的心

跟隨自己的心，同時也要對這世上各種召喚聲——召喚我們追隨他們夢想的聲音——充耳不聞。和我們初見面已經七十幾歲的朗，生長在醫生世家。他的叔叔在當地是位受人敬重的醫師，當朗決定從醫時，家人和朋友全都衷心鼓勵他。就在朗要念醫學院之前，他去找了一位技術很好的整脊師求診，在治療期間，朗認識到自然醫學倡導的人體有自癒能力的概念，療程強調觸碰的益處，他下意識就覺得相當吸引人。朗說：「我馬上就被這個職業吸引，我知道它符合我靈魂的輪廓，如果做這行，我知道我跟隨了自己的心。但整脊醫學在當時還是帶了點神秘色彩，所以當我向大家宣布這個志願時，朋友潑我冷水說：『所以，你現在是決定要當郎中了，是嗎？』但我知道那是我要走的路，所以我得學會不理會這些聲音。」

如果要忠於自我，我們必須時常傾聽內心那股召喚我們的聲音，即使別人都聽不到。朗接著告訴我，過了好幾年，當他想放棄做得很成功的整脊師，改當氣療師時，他遇到相同的阻礙，但同樣地，他知道這是他要走的路。他說：「我這輩子都知道自己應該怎麼做，我想大部分的人都知道，只是要有勇氣做到。」朗告訴我，有兩個方法能夠跟隨自己的心，那就是——傾聽自己內心的聲音，再鼓起勇氣追隨那股聲音。

聽完朗的故事，我回想起了自己的來時路。我的第一份工作是當牧師，離開教會之後，我誤打誤撞的走進商業世界。會進入商管領域其實不是我的本意，但我需要工作，我也喜歡在別人生活中扮演某個角色，再加上我發現自己有能力勝任這份工作，所以就留了下來。但在其後的十年中，我總覺得少了什麼東西，於是我又撥了一些時間回教會，因爲我想了解人們如何看待生活這件事，也想知道他們對一些比較急迫的議題有什麼看法，例如和平、地球生態等。漸漸地，我發現商業世界越來越不有趣，即使這份工作的收入不錯，做起來感覺很有價值。問題並不在這份工作讓我覺得沒有收穫，即使到現在，我還是覺得自己從這份工作中學到很多，問題是我也想要寫和演說一些比較深刻的事物。有很多聲音叫我要實際一點，鼓勵我再深入往商管發展，但我一直聽到另一股聲音，當初就是它讓我選擇當牧師，而我知道最貼近自己的路，並不是商管，而是探索人生的各種意義和智慧。

所以我開始在工作中融入其他議題，例如人生的意義、什麼是愛、我們對下一代的責任等。這麼做之後，不只我的外在變得更成功，我的內在也因爲選擇了更貼近自己的路而獲得更深的滿足感。我想也是基於同樣的原因，所以我萌生並執行了這個「長老」計畫，就像當初想的一樣，計畫的成敗並不重要，重要的是我跟隨了自己的心。就像我祖父說的，當你忠於自我時，就會「累得好愉快」，如果你沒有忠於自我，即使表面上看起來叱吒風雲，到最後你只會覺得「累得不滿足」。

看完我的故事之後，有個問題值得好好討論一下：跟隨自己的心需要顛覆整個人生、大轉彎往另一個方向走嗎？從這些受訪者的人生經歷，我發現，有時我們的確得做一些激烈的改變才能跟隨自己的心，朗就是一個例子，放棄醫學院改學整脊，但更多的受訪者則是一小步一小步的改變，慢慢地走上最貼近自己的道路，青少年時期掉落冬季結冰湖裡的湯姆，就是這樣的例子。湯姆在三十幾歲得知自己在這世上的「眞命」是當一位療癒者之後，並沒有馬上辭去原先的工作，而是開始研究主持儀式的方法，花更多時間了解這份工作。直到今天，除了家人，湯姆人生最重要的事就是主持祭典，即使他從來沒有靠這份工作養活自己，年復一年，靈性療癒者這個角色在湯姆的人生越來越吃重。

六十六歲的潔琪，很早就進入銀行業，也做得非常成功。她四十歲時曾參加一個小組研討會，與會者要介紹自己當初爲何加入銀行業，輪到潔琪時，她說：「呃……我進銀行業已二十五年了，但其實我想當老師，從商是我父親的意願。」她被自己下意識說出的這些話嚇了一跳，她說：「我嚇了好大一跳，其實我並不會不喜歡銀行的工作，但我總覺得好像少了什麼。」

那天之後，她連續好幾個星期在想自己的決定是否正確，她在銀行業發展得很好，也因爲工作拓展出一個生活圈，潔琪並沒有選擇辭職，而是開始利用週末時間在當地活動中心當小朋友的義工老師。教了幾個月之後，潔琪發現她工作的銀行有贊助當地一個幫助小朋友克服學習障礙的活動，她查了一下主辦單位的資料，便跟主管表明自己想要負責這部分的工作。慢慢地，潔琪變成銀

那些影像讓我覺得很舒服，我發現，如果你喜歡自己看到的影像，你就不會害怕死亡。」

我相信這是我們共同的希望：在死之前知道自己忠於自我，一直當自己想當的那個人。聽完李察的話之後，我開始回想自己的人生，我閉上雙眼想像自己死之前會看到什麼影像。我會對什麼感到後悔？有哪些影像是我希望看到但還沒看到的？

想要忠於自我，我們就必須認眞傾聽自己的心。我們得定時問自己一些重要的問題，而這些受訪者的共通點──這些公認有智慧的人的共通點──就是：他們經常性地回顧自己的人生。但我們的生活是這麼的忙，忙到沒有時間傾聽自己的靈魂在說什麼，我太太萊斯莉和我之前的生活就是這樣的，被一大堆事情如：經營公司、養小孩、看電視、旅行、賺錢、血拼、寫書等塡得滿滿的，我們的行程總是馬不停蹄。不過，其實在那個時候我們並不覺得自己有那麼忙，但中風的意外讓我們大家放慢腳步，把腳步放慢以後，我們便開始傾聽自己內心的聲音。我們開始用前所未有的方式依賴彼此，試著放掉一些不重要的事：有時候，只有當我們被強迫安靜下來，才能把事情看得更透澈。

你會在紙上寫下什麼？

當整個宇宙要我朋友大衛停下來，好好傾聽自己內心的聲音時，他正值而立之年。他是一位資深編輯，在一家大型商業雜誌社工作，每天忙得不可開交，忙到沒有時間問自己「現在這樣的生活，是不是我真正想要的」。某天工作結束時，他坐在辦公桌前，覺得胸口有點緊緊的，然後一股巨大壓力來襲。當他被送進急診室，在身上接了好幾台機器時，他開始回想自己的人生。整個宇宙彷彿都安靜了下來，他認真問自己有沒有跟隨自己的心，他開始跟上蒼討價還價，心裡只想著一個簡單的問題：「如果能夠活過今晚，我要改變什麼？」

他請護士給他筆和紙，不知道自己接下來二十四小時會發生什麼事，他在紙上用極富禪意的口吻寫下五件事：

● 用力玩

● 領養小孩
● 回報他人
● 多陪陪家人
● 成立基金會

「我躺在醫院的那一晚，整個人生快速地掠過我的眼前，我不覺得自己的人生有錯，但我知道我沒有好好傾聽自己的心。」

大衛那天晚上並沒有死在醫院，幾個星期後他打電話給我：「好消息是我還沒死，壞消息是我還活著，而且還有一張待辦清單！」整個宇宙在大衛背後推他一把，強迫他傾聽自己內心的聲音，他才有勇氣開始行動。

那他是怎麼處理當初寫在紙上的五件事呢？大衛體悟到自己工作過了頭，需要多一點時間玩耍。他知道自己不可能放棄領養小孩的念頭，也知道自己應該多花一點時間陪伴家人，不過他不清楚「成立基金會」這個想法是怎麼來的。接下來的那兩年，大衛隨身帶著這張清單，領養了一個男孩、努力玩耍、搬到家人附近住，兩年後他還以父親的名義成立了一個基金會。

我們當然不需要等到生病才去列這張任何時刻都能列的清單，在美國西北部有句俗語說：「今天是非常適合死亡的日子」，意思是說：今天是盡情體驗人生的日子。假設你現在躺在大衛那晚躺的床上，你會在紙上寫些什麼？

我們在前面看過的七十一歲退休物理學教授喬治，除了告訴我，聽從自己意願跟沒聽從自己意願的學生前途有很大差別外，還給我一個忠告：「我在上課的第一天都會告訴學生：『別想臨時抱佛腳，不要到學期末才來惡補累積幾個月的功課，那是沒有用的！』我想人生也一樣，很多人都說：『有天我會好好跟隨自己的心，當自己想當的那個人。』但如果有什麼事是你很想做的，那就趕快做！如果你跟隨自己的心、忠於自我，你想做的事就會實現。」

這就是我們必須知道的第一個祕密：忠於自我。

下列四個問題能幫你好好想一想，自己有沒有在日常生活中實踐這個祕密：

- 今天（這個星期）的生活，是我想過的方式嗎？怎樣才能讓明天（下個星期）的生活，更依我想要的方式過？
- 這個星期我當的人，是不是我想當的那個人？怎樣才能在明天（下個星期）當我更想當的那個人？
- 現在我有沒有跟隨自己的心？如果沒有，怎樣才能跟隨自己的心？
- 怎樣才能在下個星期更忠於自我？

第4章

人生的第二個祕密

戰勝恐懼是智慧的開始。

伯蘭特・羅素（Bertrand Russell）

當生命接近尾聲時，有沒有哪件事是我們「不會」後悔的？在進行本書訪問之前，我不知道我會怎麼回答這個問題，但我很確定現在我的答案會不一樣。

遺憾或許是我們最害怕的一件事。從我過去三十年的生活經驗，並由二百多場訪問證實，我發現，死亡並不是我們害怕的事。如果我們每天都過得很充實，做的都是自己想做的事，通常我們都能用優雅的態度接受死亡。我們最害怕的，是到最後才了解自己從來沒有盡情生活過，到要走的那一刻說的是「眞希望那個時候我……」。

所以，如果我們想知道什麼是人生的「幸福」和「意義」，就必須不時提醒自己第二個祕密：不要有遺憾。如果我們想要人生不要有遺憾，就必須鼓起勇氣朝我們希望的方向前進，而不是設法規避心中的恐懼；如果我們想要人生不要有遺憾，就必須學會接受人生不如意之事，十常八九。

在訪問中，我們問每位受訪者在人生中曾面臨哪幾個關鍵十字路口，在那些時刻，他們如何決定選擇某條路而不是另一條路，當初的決定對自己的人生有何影響。當他們紛紛想起當初站上那些十字路口時，幾乎全都同意其中暗藏了不少風險，儘管滿心害怕，仍舊鼓起勇氣朝理想前進。

我在這些受訪者身上清楚看見，在生命末了，我們並不會對自己冒的險感到後悔，懊惱把時間浪費在結果不如想像的事物上，這些受訪者沒有人後悔當初做了某些嘗試然後失敗，反而大部分人都告訴我，很後悔當初沒做哪些嘗試。

了解我們可能會因為沒有努力嘗試而後悔，對我們日後如何做決定具有意義。失敗並不是多數人會後悔的事，大部分人後悔的是當初連試都不試的決定；事實上，很多受訪者告訴我，我們稱之為「失敗」的東西，往往能讓我們學到最多經驗。

也或許人生當中，並沒有什麼事是保證成功的，我們做的每件事都有可能會失敗——我們愛人，就有可能被拒絕；我們為夢想奮鬥，就有可能會撞得鼻青臉腫。然而儘管不能保證成功，但如果我們連試都不試，就一定保證失敗。無論風險有多小，如果你能鼓起勇氣承受，它就會在你的生命中激起漣漪，你的人生就會因此有所不同。

保持安全，會不會離眞實的自己越遠？

唐納接受我訪問時已經八十四歲，他接受訓練成爲心理學家，訪談間我看到一段豐富、有意義的人生。唐納幾乎沒有什麼遺憾，他人生最大的幸福來自於與妻子結縭五十六年，妻子在進行訪問的六年前辭世。當我問唐納人生有什麼關鍵的十字路口時，他帶我回到六十二年前的一場大學舞會。

唐納說：「我是個很害羞的人，應該說非常害羞，尤其是要跟女生講話時。在大一的一場舞會上，我看到一位很漂亮的女同學，她穿了件米色毛衣，頭髮看起來很柔軟，笑起來非常吸引人。我第一眼看到她時就知道她是我在找的那個人，那個我會牽手一輩子的人。」

年輕的唐納一眼望去，就知道她很受歡迎，身旁也站了一些很受歡迎的女孩。他知道受歡迎的女孩很少會跟害羞的男孩講話，更別說跳舞了。他知道自己冒著被嘲笑、可能落得一身狼狽的風險，如果他上前邀舞，有可能被拒絕。

「用力吸一口氣後，我向她走去，告訴她，她就是我這輩子想娶的女人。這讓她感覺很新奇，雖然她並沒有特別感動，但至少答應跟我跳舞。就這樣，我們從第一支舞跳到第二支舞，再從第二支舞跳到第三支舞，接下來幾個禮拜我很努力追求她，她才了解我邀她跳的是一輩子的舞。」

唐納二十出頭做的小小決定——決定冒著失敗的風險爭取自己想要的東西——變成他這輩子最重要的決定之一，唐納的婚姻對他的人生有許多重要的意義，即使妻子已經離世六年，唐納告訴我：「我沒有一天不覺得她還在我的身邊。」

但我不停的在想，如果那天唐納心中對尷尬的恐懼占了上風，如果他選擇連試都不試，他的人生又會如何發展？等到他八十四歲時，是否會後悔當初沒有走上前邀請那個女孩跳舞？

當然，不是每個小決定都能影響我們的人生、左右我們的幸福，但既然我們無法事先知道冒的險會有什麼影響，所以最好還是鼓起勇氣朝想要的東西前進，而不是設法繞開心中的恐懼。

或許，我們得先決定自己是要活在恐懼當中，還是要把心力放在想要的事物上，每次我們用最安全的方式玩，就離最眞實的自己越遠；每次我們選擇不朝自己希望的方向走，就種下日後遺憾的種子。

我在這兩百多場訪問中覺得最難過的時刻，是跟一位七十幾歲女士梅談話時，她說過去幾十年她寫了六本不同主題的書，但沒有一本寫完，文稿都存在她的電腦裡，各自發展到不同的階段。

我問她爲什麼沒有把這些書寫完，她說：「我這一生總是把事情擱著。我本來以爲只是拖延，但仔細思考後，我想我沒有寫完的原因是，如果我寫完，就得讓別人看，如果我讓別人看，他們也許會告訴我，我根本不會寫書。我想，我是因爲害怕被嫌棄，所以才沒有把書寫完的。」

聽完她的話之後，我不禁覺得惋惜。七十一歲的她因爲害怕，也許永遠也無法完成這輩子在心中早已出版的書。當然，她害怕的事也許會成眞，但實在很難想像還有什麼比帶著內心滿滿想要與人分享的故事死去更糟的事。儘管你同意這些話，但我們很多人都在做同樣的事，因爲莫名的恐懼，可能是怕被拒絕、怕失敗或對自己沒信心等，我們常常帶著心裡的書、夢想和故事死去。

當我問受訪者們對遺憾和冒險有什麼看法時，他們經常將兩者連在一起。我發現，這些人不但是基於自己過往的生活經驗這麼說，也是基於這幾十年來觀察其他人的生活，看到很多事情發展的結果才這麼說。如果你活得夠久，也能在日常生活中細心觀察別人的生活，就不難從這些故事中看出幸福人生的祕訣。

七十六歲的保羅是位非常成功的企管顧問，他曾在七十幾國工作過，並和妻子結婚數十年。保羅的職務需要提供許多不同產業的公司高層建議，他說：「過去五十年來，我和很多高級決策者工作過。我發現，很多年歲已高的人到最後最後悔的是『沒有』去做某件事、『沒有』下決定冒某個險，人們對自己沒做的事後悔的程度甚至大於自己做過的錯事。當這條人生路快走完時，我們最大的遺憾來自我們只敢用最安全的方式玩，沒犯過任何錯誤。」

六十三歲的肯恩，來自愛荷華州華肯鎮（Waukon, Iowa）的小鎮理髮師，也跟我說了一個類似的故事，故事的主人公並不是跨國企業精英，而是美國中西部的尋常百姓。他說：「我們鎮裡有一對夫妻，先生罹患癌症在很短的時間內死亡，太太一直很後悔沒有趁早做他們想做的事，例如到外地見見世面等。人生最大的恐懼大概是，你錯過自己想做的事。」

當我們問這二百三十五位受訪者，如果時光能夠倒流，他們可以給年輕的自己一個什麼樣的建議，最常聽到的答案就是：多冒點險。六十歲的克雷格這麼告訴我：「你會希望自己多冒點險，我說的不是體能上的冒險，是心理上的冒險。你會希望自己多冒點險去追求這輩子眞正想要的東西。」

訪問中有很多人提及，他們意會到自己當初在冒險的時候，其實就是在用力推開幸福之門的時刻。六十四歲的璜娜告訴我，她五十幾歲時有個工作機會，她得以跨出一向習以爲常的小世界。璜娜總是在拉丁社區從事一些領導性的工作，當她決定離開自己工作多年的單位（同時也離開住了二十七年的家），她發現自己就像「在沙漠中流浪」一樣。

璜娜進入某個組織從事領導能力發展的工作，因此接觸到更多人，她覺得自己往前邁了好大一步。她說：「我這輩子都待在自己的社區，從來沒站在全是白人的觀眾面前，突然間我就變成菜鳥，得從頭開始。」跟其他許多受訪者一樣，璝娜把她那次冒險歸功爲日後成就感的來源：「這份工作拓展了我的視野，要是當初我不冒險、一直待在那個圈圈裡的話，我就會錯過見識大世界的機會。」後來璝娜寫了幾本有關跨文化領導的書，如果她一直用最安全的方式玩，她一輩子都不會寫這些書。

寧願站起來看到天空，也不要躲在桌子底下

現在有個重要的問題：我們要如何冒更多險，朝自己希望的方向前進？要採取什麼樣的生活態度，才不會在日後後悔自己當初沒做那些事？

關於這個主題我最棒的啓蒙老師，就是七十二歲的艾爾莎，她在二次大戰下的德國長大。訪談中艾爾莎回顧自己的人生，她告訴我，她人生中幾個重要的十字路口，都跟克服恐懼、鼓起勇氣做決定有關。其中一例就是，二次大戰後德國人民處境艱難，二十二歲的她冒了這輩子最大的一個險，決定到加拿大開始新的生活。她在加拿大並沒有認識的人，也不知道找不找得到工作，英文

大家都還躲在桌子底下，老師見狀說：「你在做什麼？快回去躲著！」肯尼回答：「布朗老師，如果不管怎樣他們都會來把我抓走，我寧願站起來看到明亮的天空，也不要躲在桌子底下！」

我們很多人這輩子始終躲在自己的桌子底下，一直認爲失敗和被拒絕是最有可能發生在我們身上的最糟結果；然而，這二百三十五場訪問讓我擁有不同的心得：**我們最害怕的事，應該是到了生命盡頭，我們發自內心後悔自己當初沒有勇氣嘗試**。

我們不會後悔失敗，只會後悔當初沒試

我們要如何遠離遺憾的生活？我曾在前言中介紹過一位女士瑪格麗特，她告訴我，她這輩子一直努力用「坐在門廊搖椅上的老婆婆」的觀點生活。她說每當要做決定時，都會問一個問題：「當我變成一個老太婆，坐在自家門廊上的搖椅回想自己一生，我會希望當初做什麼決定？」她說每次她用這樣的角度

思考，很快就能看見自己要走的那條路。名作家，同時也是很多人的精神領袖，迪娜．麥茲格（Deena Metzger）說過一句話，詮釋了類似的生活態度：「選擇一條能夠編織出最美故事的道路。」

用這個觀點生活不但簡單、有趣，還能減少人生的遺憾。在我們持續向前走的同時，也不時停下來問自己：我接下來要走的這一步，在我年紀大了或是生命所剩無幾時，會不會感到後悔？我現在走的這條路，最後會通往遺憾還是滿足？

我年輕時有很多機會做一些有趣的事，當我在這二百多場訪問中看到許多不同的生活態度，了解到我這輩子某些最大的遺憾，來自於因爲恐懼而拒絕的一些機會，其中之一發生在我念神學院準備當牧師時。當時我有兩次機會可以到全美最後的兩座國家公園，大堤頓（Grand Teton）國家公園和仙納度（Shenandoah）國家公園當實習牧師，我一直很嚮往大自然，但我在大都會成長，所以從來沒什麼機會能到戶外生活。到國家公園實習的機會非常吸引我，我知道如果去了，將會是一次非常寶貴的人生經驗，但當時我有一個喜歡的人，我擔心若我離開幾個月會讓感情生變，所以連續拒絕了兩次的機會。現在想來，如果當時我把眼光放遠一點，用「坐在門廊搖椅上老婆婆」的角度來看，也許就會聽到自己說：「如果你們的感情禁得起考驗，分隔兩地也不會有什麼影響。你可別忘了自己很愛大自然這件事，也許你這輩子不會再有同樣的機會了。」果然，我們的愛情並不持久，而這個機會也沒再出現第三次。

最近我剛好有另一個例子可以做比較，去年我有個機會和其他十幾個中年男士到東非進行一個月的部族之旅，到當地參觀他們的文化、拜見他們的長老，並在野地中露營。那趟旅行對我來說，根本就是美夢成真，但行程安排的那個月是我每年最忙的一個月，如果去了，我得放棄很多重要的工作。不過這一次，我想起瑪格麗特「坐在門廊搖椅上老婆婆」會說的話：「當你到了我這個年紀，你不會想到你那個月少賺了多少錢，只會記得非洲之旅有多美好而已。」於是我踏上旅程，探索好幾個我未曾聽聞的文化、體驗我從未體驗過的野外生活，然後一邊思念我的家人，一邊記得他們對我有多重要。我在坦尚尼亞萌生寫本書的計畫，當初我因為擔心工作表被打亂，幾度猶豫不決，差點放棄了人生最重要的體驗之一，還好想起瑪格麗特的建議。

我在這些受訪者身上看見幸福人生的第二個祕密：不要有遺憾——鼓起勇氣追求自己想要的事物，我們不會因爲試了失敗而後悔，只會後悔當初沒去試。這個祕密除了這項最重要的功課之外，還有另一項功課：如果我們的人際關係有缺口需要彌補，現在就彌補。當我問這些受訪者人生有什麼遺憾時，大部分的人都向我提起自己認識的人，說自己有些事還沒做、有些話還沒說出口、有些傷痕還沒敉平。

遺憾躲不開，要學會如何面對

過去幾年來，我和好友大衛．庫爾（David Kuhl）博士，一位醫術相當高明的醫師和文采優美的作者，共同舉辦過多場的個人成長營和領導能力發展研討會。每次我們都會在會中進行一個練習，請與會者想像自己從此刻起只剩下六個月的生命，「假設，在六個月後的今天，就是你在人世的最後一個日子，在那果不試著撫平這個傷口，到最後會有很深的後悔。她在信裡寫著：「我知道要是我主動伸出手遭到兒子拒絕，我還是可以繼續生活，但我無法接受連試都不試的生活。」

貝蒂主動打電話給兒子，她說：「我現在已經不記得我們當初是因爲什麼事而起爭執，也許那件事在當時很重要，我對自己當初的態度感到抱歉，但二十年的時間對兩個曾經互相依靠的人來說，似乎太長了。」她兒子予以回應，他們之間多年的傷害也因此被擱在一旁，可以確定的是，他們年老時的遺憾也會擱在一旁。

當我問鮑伯害不害怕死亡，他說：「我對死這件事一點都不緊張，我走了，臉上會帶著笑容。我對我的人生感到很滿意，我喜歡自己留在這世上的印記，也喜歡自己的生活方式。」我想，這些話是人生沒有遺憾的最佳詮釋。

當然，生命是不可能完美的，無論我們多麼小心提醒自己人生不要有遺憾，還是免不了會有力不從心的狀況發生，即使那些被推介爲最有智慧的人也仍舊表達了不少遺憾。無論我們的人生過得有多麼順遂，一定還是會有一些遺憾，而有智慧的人雖然避不開遺憾，卻很清楚面對遺憾的方法，這是我們要學習的。

提醒你什麼才是眞正重要的事

很多人告訴我，重要的是不要老想著遺憾不放，不要把自己逼到喘不過氣來。接受訪問時已經九十三歲的約翰，對遺憾這個人生課題做了好多鞭辟入裡的注解。約翰成年後的前三十五年是一位記者，把全部心力都貢獻給加拿大共產黨，是個非常有抱負的理想青年，青少年時期因爲看見這個世界的不公，於是決定要「爲黨服務」，就跟當時很多人一樣，他覺得這是追求公義的一條途徑。

然而，在黨的那些年看到很多內幕，讓他質疑黨的建設目標和方法；儘管如此，約翰還是懷抱著希望，認爲應該可以改變而繼續爲黨效力。改變的希望出現了，約翰獲得工作機會到布拉格（Prague）一份國際性的共產雜誌當編輯，

根本沒有什麼好失去的

也許，影響我們是否活得幸福的最關鍵因素，是我們遭受挫敗時採取的態度。人生一定會有挫敗，遇上之後我們往往又得冒另一次險，儘管在人生這條路上跌得鼻青臉腫或迷失自我，我們還是得再學會去愛；儘管我們很努力卻仍舊失敗或被拒絕，我們還是要鼓起勇氣繼續嘗試；要不然就跟約翰一樣，只要理解自己只是走錯路，好好地「整理一下再出發」就好。當我聽完這二百三十五位受訪者的故事之後，我看見這個共同的生命邏輯。

我們必須夠優雅，才能學會面對遺憾，有道是：「原諒別人之前，得先原諒自己。」儘管開啓幸福之門的五把鑰匙中，有一把是「不要有遺憾」，但我們大部分的人多少還是會有一些遺憾；所以，重要的是，我們必須學會塡補心中的缺口，用寬恕的態度面對遺憾，並知道自己當時已經盡力在做。如果我們能夠擁抱遺憾，讓悔恨隨風消逝，我們就擁有放手的智慧，而我在這些受訪者身上看見幸福程度的差異，絕大部分取決於他們面對遺憾的態度。最幸福的人懂得與生活和平共處，而最不幸福的人是鎮日哀悼過往的遺憾，怨嘆自己沒有好好把握機會。

遺憾在我們的人生中扮演了舉足輕重的正面角色，適時的提醒我們，什麼才是人生真正重要的事，如果我們能從中記取教訓，就能繞開埋在前方更深的那些遺憾。就像我當初錯失了那兩次到國家公園當實習牧師的機會，就讓我日後放棄賺錢的機會，去東非進行一個月的部族之旅，如果我們能時常向心中的老人請益，雖然不可能完全沒有遺憾，但肯定有更多機會完成我們來到這世上要做的事。

最後，當我問這些受訪者冒的險夠不夠多時，幾乎每個人都跟我說不夠。也許我們要等到活到一把歲數了，才會開始了解原來根本沒有什麼好失去的。如果你的人生只剩下一年的時間，你想跳什麼舞？你現在是否用最安全的方式玩？你會躲在桌子底下，還是站到窗戶旁？如果你用老公公或老婆婆的觀點回顧現在的生活，你會希望自己怎麼做？

這就是我們必須知道的第二個祕密：不要有遺憾。

下列四個問題能幫你好好想一想，自己有沒有在日常生活中實踐這個祕密：

- 今天（這個星期）我有沒有受制於心中的恐懼？怎樣才能在明天（下個星期）更有勇氣？
- 這個星期我有沒有朝著自己的信念前進？怎樣才能更勇敢往那個方向邁進？
- 如果我現在鼓起勇氣、不受制於心中的恐懼，我會採取什麼行動？如果我用坐在門廊搖椅上的老婆婆觀點回顧自己現在的生活，我會做哪些不同的事？
- 我要如何面對眼前的挫敗？決定跨過去往前走？還是就此打住往後退？

第5章

人生的第三個祕密

愛就是人生。如果你錯過愛，就錯過人生。

里歐・巴斯卡利亞（Leo Buscaglia）

七十幾歲的大衛，告訴我他父親臨終前的故事。他父親在世的最後幾天，家人從世界各地回來陪他走完最後一程。大衛注意到，父親在最後幾天並沒有提起自己的財產，如：汽車、房子和有價動產等，而是在身邊放了好多從前在特別日子拍的照片，像是結婚照、慶生照、旅行照，和各式各樣的親友會照。看到父親辭世前的樣子，大衛做了這樣的結論：「當我們走到人生的最後一段，生命只剩下幾天時，愛是我們唯一真正在乎的東西。」接下來的日子，大衛的腦海裡一直記著他父親辭世前的影像，這幅影像影響他的生活態度。義裔美籍心靈勵志類暢銷作家里歐．巴斯卡利亞曾說：「愛就是人生。如果你錯過愛，就錯過人生。」

從兩百多場訪問中，我清楚發現愛是打造幸福、有意義人生的一塊重要基石，無論對付出的一方，或是接受的一方，都同等重要。當然，我想你對這樣的結果並不感到意外，當我問別人覺得我們做完這兩百多場訪問會有什麼發現，大部分的人都猜愛最有可能是人生幸福和遺憾的來源，他們猜的沒錯。

然而，我在這些「長老」身上看到的幸福人生祕訣，最重要的並不是懂得感謝別人對我們的愛，而是學會把愛分給別人：因爲死前一定要知道的第三個人生祕密就是：學會愛人。

愛是一種選擇

當我說幸福人生的第三個祕密是學會愛人，我想我得先定義愛的定義。「愛」這個字充滿了許多包袱，我們得先釐清「感受」到愛和「選擇」去愛這兩者的差異。在我們的社會，愛是個普遍存在的情緒，我們常常都會說：「她瘋狂愛上他了」、「我愛高爾夫和披薩」、「他很愛參加派對」等，例子實在太多，不勝枚舉，但我們指的是愛的「感受」。然而，從這些「長老」的談話中我發現，當他們說愛對他們的人生很重要時，他們把愛定義爲一種「選擇」，而不是一種情緒。所以，人生活得幸福、有意義的祕訣就是：選擇當個有愛的人，選擇去愛。

雖然我們也許沒能力隨心所欲地感受到愛，但不管在任何時刻，我們都有能力選擇去愛。「學會愛人」這個祕密包含三個層面：第一，我們得先選擇愛自己；第二，我們選擇用關愛的方式和親密的人，如家人和朋友等互動；第三，我們必須選擇用愛的方式和這個世界互動。

七十三歲的波爾是個退休商人，訪問一開始他就告訴我他罹患癌症，也說自己是個看護義工，會幫忙照顧癌末病人，讓他們在最後這段時間盡量感覺舒適。即使波爾自己也罹患可能會致命的癌症，他仍舊選擇陪伴在癌末病人身邊，與這些臨終者分享自己的生命。

波爾告訴我某次看護經驗，他輪班陪坐在一位他從未見過的男子身旁，當班前，他之前陪坐的義工將他拉到一邊提醒一些事。波爾說：「他告訴我，我要看護的對象患的是癌症，現在癌症細胞擴散到他的臉部，所以五官已經扭曲變形。他叫我要有心理準備，因為我看到他可能會有一些自然反應。我進到房裡，看見一張已經失去原有輪廓的臉，上面長滿爛瘡，我下意識覺得一陣噁心。」

波爾記得，雖然他當時感到噁心，但他還是有能力選擇去愛這個人。他說：「當時我決定用愛的眼光來看他，他的臉因此改變，我看見他內心的美。我發現他的精神似乎變好一點，我相信他潛意識裡感覺到我選擇愛他。」波爾發現到的東西，「長老」們都告訴過我，那就是——選擇愛人的能力改變了我們。

我說的「愛」，並不是感受到愛的情緒，而是選擇當個有愛的人。當我編撰這個祕密的故事，我收錄的並不是感受到愛的故事，而是選擇去愛的故事。

首先，你得愛自己

實踐這個祕密的首要層面就是，我們得先選擇愛自己。除非我們能眞心覺得自己的存在是有價值的，否則我們不可能活得幸福。一個心智健全的人都有能力去愛自己，對有些人來說，愛自己是自然而然的事，因爲他從小接受的教育和生長環境都是這樣鼓勵他們的，讓他們覺得自己很有價值；但對其他人來說，愛自己這件事似乎需要很多練習。

我們在上一章看過艾爾莎，她與我們分享減少遺憾的訣竅，但我在她身上學到最多的是「愛」。艾爾莎在二次大戰下的德國長大，童年過得非常辛苦，在砲火喧囂的年代中長大。她父親是位德軍軍官，有兩個哥哥，因爲父親很想要一個女孩，所以母親又生了她，她出生後也得到父親全心的愛。但在艾爾莎五歲時，父親離棄他們，選擇在戰後不返鄉，艾爾莎覺得從那個時候起，母親就開始用沒有愛的方式對待她。

「我記得，在我成長的時候，並不覺得受到我母親喜愛。童年時，我感覺她愛我兩個哥哥勝過我許多，直到多年以後我成年，才發現那不只是我的感覺，也是事實。我父親一直都很想要有個女兒，所以我出生後，他很疼愛我。但當他離開後，母親就把對父親的怨恨轉到我的身上。你能夠想像當你只是個非常小的孩子，但母親不愛你，而你不知道爲什麼嗎？」

因爲沒有被愛，艾爾莎記得自己的青春期過得非常慘澹，但她也記得某一刻突然理解到的事情。她說：「有一次，我不大記得是什麼時候了，我突然理解如果我不能得到愛，我可以學會去愛。很難解釋爲什麼，但我就是突然理解到，如果我不能控制別人愛不愛我，但我可以控制自己要不要成爲一個有愛的人。不知道爲什麼，我覺得如果我成爲一個有愛的人，別人就會自動愛我。此外，我現在知道上帝愛我，只是身爲一個人，活著就很有價值了，這是別人奪不走的。雖然我無法解釋原因，但當我決定成爲一個有愛的人，而不是一個找愛的人時，我整個人就有所轉變。」

學習當一個有愛的人

艾爾莎的故事提醒了我們，我們不能控制別人愛不愛我們，但我們可以控制自己要不要去愛人。不管別人如何對待我們，學習當一個有愛的人能夠轉化我們的心，這點從很多偉人的故事都可以獲得印證。前南非總統尼爾森．曼德拉（Nelson Mandela）因爲倡導廢除種族隔離政策，曾被監禁長達二十七年之久，但他還是選擇去愛，而且他的選擇爲南非帶來和平。但歷史故事中充斥著做出相反選擇的主人翁，被壓榨者變成壓榨者，無論在國家革命史，或是家庭血淚史當中，屢屢聽到以暴制暴的例子。艾爾莎的故事還提醒了我們，要成爲一個有愛的人，得先從愛自己開始。

愛自己最重要的一個方法，就是小心選擇自己的食物，大家一定都聽過這句話：「你吃什麼，就決定你是什麼樣的人。」從心靈層面來看，腦袋想什麼，就決定我們是什麼樣的人。人類每天有四萬多到五萬多個念頭，即使不開口說話，我們的腦袋還是很努力地在跟自己對話，鎮日絮絮不休。我們腦裡的想法對自己泰半是好的，但其中有些嚴重影響我們看待自己的角度，如：「我好失敗」、「他們不喜歡我」、「我不可愛」、「我要向別人證明自己」、「我好胖」、「我不是個好爸爸/好媽媽」、「我好差勁」等，每當我們有這些想法時，就是在設法剝奪對自己的愛。

七十八歲的李，將畢生心力奉獻在研究人腦上，了解人是如何用想法催眠自己。他告訴我：「通常我們在年輕時，腦裡會被植入一套程式，會開始用某種有毒的眼光來催眠自己，我年輕時就曾這樣。但透過內心的想法，選擇在腦裡種植一朵花或一株雜草，我們有能力解除催眠。我們的潛意識將每個想法當作是一次祈禱。」

聽完李的說法後，我發現我們的受訪者——這些被公認了解人生幸福和意義的人，大部分的時間都在自己的腦裡種植花朵。我們的潛意識的確會將每個想法當作是一次祈禱，很多「長老」都提及，我們心中的想法對我們看待事物的眼光會有很大的影響，李把這點比喻爲「在腦裡種植一朵花或一株雜草」。如果我們想愛自己，就得謹慎選擇要餵自己的腦袋什麼食物，我們有能力決定每天在腦裡進行的馬拉松談話要講什麼內容。

在我們的受訪者中，有位男士普拉文，父親有嚴重的心理疾病，最後以自殺結束生命。多年來普拉文覺得自己應爲父親的疾病負責任，由於害怕自己也會像父親那樣罹患心理疾病，所以普拉文曾經覺得自己活在這世上沒有任何價值。直到成年之後，他才理解之前整天都在腦裡種雜草，催眠自己是個沒有價值的人。經過一段時間的反省之後，普拉文終於理解身爲成年人的他，有能力選擇愛自己，每當自責要爲父親的死負責任或害怕自己有可能步上父親後塵時，他都有能力拒絕這些想法，用其他想法來提升自己的心靈。

普拉文練習了一段時間才改變自己，終於成功解除催眠，我們可以像普拉文一樣，每當心中想起「我該爲他的死負責任」時，用「他的病不是任何人的錯，我沒有能力改變那樣的結果」來拉自己一把。我們也有能力像普拉文那樣，每當心中想起「我有沒有可能會跟他一樣」時，就換個角度想「我不是他，我能夠創造自己的命運」來爲自己種一朵花。也許你會覺得這個方法你早就知道了，但奇妙的是，我們還是有很多人用毒害自己的想法來催眠自己，在潛意識告訴自己不要愛自己。

納瓦荷族（Navajo）[1]有個美麗的傳統故事，正好呼應李的說法，可以做爲這個祕密的第一個層面的結語。有個納瓦荷族的老爺爺告訴孫子說，有時他感覺自己內心正在進行一場惡鬥，有兩匹狼彼此對峙。其中一匹狼是惡的，渾身散發出黑暗的氣息，包括：憤怒、嫉妒、悲哀、遺憾、貪婪、自大、自憐、罪惡感、怨恨、自卑、浮誇，以及各種負面的恐懼和懷疑。另一匹狼是善的，牠身上投射出白亮的光芒，包括：歡樂、祥和、慈愛、希望、沉靜、兼善、和藹、憐憫、體貼、寬容與自信。

孫子聽完之後，想了一下問：「爺爺，最後哪一匹狼贏了？」爺爺回答：

「我選擇豢養的那一匹。」這個祕密的首要層面，也是核心層面，就是：我們要選擇餵食對的狼。

你買的 BMW 並不會到安養院看你

「學會愛人」的第二個層面就是，用關愛的方式和親密的人互動，把愛的關係排在生活的第一順位。當我問別人最大的快樂來自何處，他們脫口而出的答案往往是：另一半、小孩、父母和朋友等，我一再看到，能夠用心經營人際關係的人，通常都很快樂。但當我問別人最大的遺憾來自何處，他們的回答也常是某段人際關係，不是懊悔自己當時沒有多付出一點，就是責備自己不夠愛對自己最重要的人。多年前，當我還在當牧師時，有位看起來很悲哀的老先生告

1 目前是北美洲最大的印地安原住民部族，約有三十萬人。

訴我：「我把一生的時間花在追求物質上，人很容易犯這個錯誤，但現在我才知道，我辛苦賺錢買的 BMW 並不會到安養院來看我。」

我最喜歡的訪問之一，是跟六十三歲的肯恩，來自愛荷華州的小鎮理髮師聊天，上一章他也有出現。推薦肯恩的是他兒子，肯恩的兒子在醫院負責行政工作，認為父親是他認識過最有智慧的人。我很驚喜發現有很多人向我們推薦自己的父母，認為他們是自己這輩子認識最有智慧的人（希望有天我的孩子也能有同樣的看法）。這讓我想到，身為父母的我們，應該要努力用子女覺得聰明的方式生活。肯恩在電子郵件中告訴我們：「我父親是愛荷華州一個『小鎮理髮師』。」不知道為什麼和小鎮理髮師聊聊人生經驗，這個想法很吸引我。

肯恩在華肯鎮當理髮師已經有四十二年的時間了，他說：「我開始幫客人理髮時，華肯鎮還有其他十三位理髮師，但我活得比較久，這就是我為什麼變成『小鎮理髮師』的原因。他們去世時，我都有參加葬禮，現在我幫他們的孫子剪頭髮。」

肯恩在小鎮當理髮師（華肯鎮只有四千個居民），很像神父或牧師的工作，只不過他的職業超越所有限制，沒有宗教、區域等差別。大部分的人在一段時間後都得修整頭髮，肯恩每天都要和其他人近身相處一小段時間，和他們聊天並觀察他們。訪問一開始，我就感覺到他不但知道怎樣才能活得充實、有意義，也感覺到他在這四十二年的理髮生涯中近身觀察到很多事物，對於什麼是幸福人生的祕訣、什麼又是造成悔恨的主因，應該有相當的了解。

肯恩說：「如果你看得夠久，就會知道人們因什麼快樂。我發現，如果你的人生有愛，還有一份讓你覺得有意義的工作，你就會覺得幸福。」訪問沒多久，我們便不難看出肯恩不但擁有家人和朋友的愛，也有一份深具意義的工作，這份工作超越理髮的技術，對肯恩來說，他的工作不但提供他幫客人服務的機會，也讓他培養出許多友誼。

肯恩說他這輩子聽過最好的建議，是他岳父告訴他的：「人生有無數場上坡戰和下坡戰，這是必經的過程。成功並不是看你銀行帳戶裡有多少錢，而是看你在人生遇見並影響了多少人。」

肯恩的父親在他還很小的時候就過世了，因為他是家裡四個孩子的老大，

要。有些人更是用遺憾的態度來回顧曾經走過的時光，懊悔自己讓怒氣和一些微不足道的小事啃蝕了自己和親人的親密關係。

六十八歲的蘇珊用後悔的口氣回顧自己與成年兒女的關係，她說：「我太專注在自己的感情生活，應該陪在孩子身邊時，我並不在，所以沒有培養出深厚的母子感情。我很後悔沒有用心陪伴他們，我注意到我有很多朋友跟他們兒女的感情都很親密，我很希望能夠回頭改變一些事情。」

其他人則是後悔讓微不足道的小事擋在自己對親密的人的愛前，我們在上一章看過八十四歲的唐納，他在大一舞會鼓起勇氣邀請太太跳舞，他說希望能回去告誡年輕的自己：「我很想回去跟年輕的自己說：『不要常常對孩子生氣！他們不應該受你的氣！』而且我大多數時間都在為無聊的事生氣。我老大六歲時，問我心理學家是在做什麼的，那是我的職業，我回答心理學家是幫助難過的人變快樂的人。」

唐納繼續說：「那天稍晚一點，我正在罵我那個三歲的老么，他被我罵哭，老大就走過來說：『喂！爸爸，你沒有當一個很好的心理學家。』然後我回他：

『我現在在當父親！』當時的我並沒有發現自己的態度很差，如果可以重來一次，我會像我老婆那樣更常陪他們。**有時候你很容易就忘記要用尊重的態度對待你愛的人，而這是所有人際關係中最重要的一環。**」

聽完老唐的話之後，我不禁想起自己對家人發過的脾氣，有些是爲了一些微不足道的小事，有些純粹是我自己不耐煩，我是不是也該好好反省一下，希望自己當時能用更客觀的角度和愛的方式和他們互動？我突然理解，學會用關愛的方式和親密的人互動，必須要能看到更大的圖像——在人世間，「愛」更甚於其他事。

幾年前當我小孩十來歲時，我太太說，她要跟隔壁鄰居買一張二手的彈簧墊，那張彈簧墊很大而且很舊，看起來實在不吸引人。因爲鄰居的兒子離家去上大學了，所以他們急著脫手，我們那時剛翻修庭院，光想到那張「礙眼」的彈簧墊要放在院子中，就讓我覺得討厭。當彈簧墊一送到我家，我馬上就跟太太表示我的不滿，但她一點都不放在心上，並跟我說，我應該好好想想什麼才是我該考慮的事。我回到寢室看到窗外那張彈簧墊時，忍不住發出一聲

「啊——」讓大家知道我不喜歡院子現在的景象。

幾個小時後，我聽到從院子傳來小孩的笑聲，他們跟朋友在那張墊子上很高興的跳來跳去，我突然想到，孩子很快就會離家過自己的成年生活，而我一定會想念這些開心的笑聲，遠超過我現在想念的這個新「庭院」的美。這是很重要的一課，在日常生活的每一刻，我們都必須適時踩煞車，問自己什麼才是眞正重要的事，好好想過之後再下決定。

離開共產黨的九十三歲老畫家約翰，和太太是對金婚夫妻，結婚五十二年，他在訪問中提及，婚姻是他人生最大的幸福。約翰說：「朋友們一直都很羨慕我們，說我們很幸運，感情這麼好。他們問我經營婚姻有什麼訣竅，我告訴他們，必須用平等的立場把另一半當作缺一不可的好搭檔，我們就是這麼做的。你得接受對方的缺點，因爲每個人都會有缺點，重要的是她的優點。你看不慣的缺點日後可能會改善，可能不會，但你必須接受你的另一半就是那樣的人。每次我對太太生氣，就會問自己：『讓我生氣的事有比我們的感情重要嗎？有必要因此危及我們對彼此的愛嗎？』我心裡的答案總是：『沒有。』」

人生有愛，就會感到幸福

從和兩百多位「長老」的談話中，我看到選擇用「愛」來待人的重要。瑪姬是一位八十五歲的婚姻諮詢專家，五十年來每天聽丈夫和妻子訴說他們對另一半的看法。我問她這些年來開導婚姻受挫的夫妻有什麼心得，她告訴我：「我注意到每對男女剛開始在一起時，幾乎只看見對方的好，但日子久了，眼裡慢慢就只會看見對方不順眼的地方。如果大家能夠把比例調換過來，大多數的婚姻關係和家庭生活就會改善許多。」

八十六歲的吉姆和老伴是對鑽石婚夫妻，結婚六十五年了，一直到現在都還是很幸福。他們經營婚姻有個簡單的訣竅，吉姆的軍職生涯發展得很好，當我們問什麼對他才是眞正重要時，吉姆不斷提到太太。吉姆和太太是高中同學，當時他很想開口約她，但他很害羞。當他太太和前任男友分手後，吉姆找到一個機會邀對方看電影。在那個年代，看一場首輪電影要美金二十五分，但二輪電影只要五分，爲了讓她對那次約會「印象深刻」，吉姆去借了二十五分。

生、朋友，還是有可能不會再見到面的陌生人，她都是用愛的方式和這個世界互動。這讓她成爲一個快樂的人，現在她女兒看到她的影響，而當初她可能根本不知道自己會有這些影響力。那位小姐說：「我媽媽的人生充滿了愛，她把快樂帶給別人，自己在付出中獲得快樂。我期許自己也能用這樣的方式生活。」

我們在第三章看過，曾在青少年時期掉落湖裡的湯姆，在訪問中告訴我：「我今天做的事，選擇去愛，影響了整個宇宙。我們的傳統認爲，每個行爲會影響七代——我們的孩子、孫子、曾孫……等。我們做的每件事都會影響這個世界，所以如果我們選擇去愛，無論是愛我們的孩子或是陌生人，都會影響未來。」

這就是我們必須知道的第三個祕密：學會愛人。

下列四個問題能幫你好好想一想，自己有沒有在日常生活中實踐這個祕密：

● 今天（這個星期）我有沒有留點時間給家人、朋友、男/女朋友，以及其他重要的人際關係？我是否將「物質」排在「人」的前面？

● 今天（這個星期）我有沒有用親切的態度關心和我很親密的人？明天（下個星期）我要用哪種方式更愛他們？

● 今天（這個星期）我有沒有和善對待他人，與世界分享我的愛以及關懷？我有沒有考慮到我的行為會影響整個宇宙？

● 今天（這個星期）我餵了哪匹狼？我有沒有愛自己？我是否用有毒的眼光催眠自己？我在腦裡種的是花，還是雜草？

如果你聽過兩百多人敘述自己的生平故事，其中有些人的種族和社經背景和你的完全不同，你會開始在這些人身上看見生命的共同軌跡。在這二百多場訪問中，每個背景不同的人屢屢用雷同的話來描述自己的人生經驗，我最常聽到的一句就是──「時間過得好快」。

大家都用自己的語言表達這個感覺，而七十二歲的艾爾莎概括了每個人想說的意思：「當你還很年輕的時候，六十年感覺起來好像永遠，但在你活完這段時間之後，你會覺得那不過是一瞬間。」我們常常相信我們有永遠的時間，但轉眼我們就會了解實情並非如此。

如果時間這麼容易飛逝，幸福人生的祕訣之一，當然就是盡量把握我們僅有的時間，找出一種方法將活著的每一天、每個時刻當成是一份難得的禮物。美國詩人梭羅有一段文字可以詮釋這種生活態度：「在任何天氣、任何時刻，不管白天還是黑夜，我都希望及時改善我當前的狀況。」聽完這二百三十五位「長老」的故事，我相信人生死前一定要知道的第四個祕密就是：活在當下。

「活在當下」最簡單的涵義就是：沉浸在人生的每一刻，不評斷自己的生活，只是用心體會活著的感受。意思就是，我們不能把注意力放在過去或未來，而是要用感激的態度和有目標的生活方式，盡情體驗活在人世的每一刻。我們必須了解，在活著的每一刻，我們都有能力選擇感到快樂和滿足。當這些「長老」們回首自己的來時路時，我隱約聽見他們告訴我：不要評斷你的生活，好好享受人生！

老實說，這輩子我一直聽到別人跟我說要活在當下，但這句話對我來說似乎只是一句口號，並沒有什麼特別的涵義，直到我和這些長老談完話之後，我才了解其中的涵義。「活在當下」的意思，並不只是要我們學會面對人生的每一秒鐘，它有更深的涵義，而我在這些生命智者身上看到的核心涵義就是：把每一天當作一份從天而降的禮物。

活著，是一份錢也買不到的禮物

六十幾歲的邁克斯告訴我，他每天早上帶狗去散步都會遇到一個老爺爺：

「我每天早上去遛狗的時候，都會看到一位老先生，他應該八十好幾了，但還是很有精神，做好多事。每次我看到他，問他好不好，他總是精神飽滿地跟我說：『我還在！』我知道他的意思是：『很高興還能活著，我知道這是一份錢也買不到的禮物。』」

當邁克斯告訴我這個老爺爺的事時，我馬上想起這幾年來遇到的人，有些人被問到好不好時，會回說：「唉，總之死不了。」他們的語氣常常帶著無可奈何的悲哀，好像在說「雖然我人還在這裡，但我寧願去別的地方」。我在這些訪問中發現，真正快樂的人，不管身在何處、做任何事，都能用心生活，認真地過日常生活的每一刻。

邁克斯的工作是劇場評論家，他做這份工作已經數十年，也看過不下數千場表演。他說有些表演實在很難令人「專心」：「有時候我在看戲，戲演得實在很不好，我知道根本是在浪費時間，但我也知道這兩個小時的時間不可能再回來，所以我會刻意找一些有趣的點注意，用不同的角度看那齣戲。如果我們想用心去體驗生命的每一刻，我們得先把『無聊』這兩個字從自己的字典中剔除，好好把握每一刻的時光，享受那一刻帶給我們的感受。」

在這些訪問中，我注意到這些長者對活著這件事都心懷感激，言談舉止間也顯露一定要好好把握活著的每一天的決心。六十幾歲的喬爾告訴我，多年來他一直用一個小儀式來迎接和送走每一天：「我每天早上起床後都會禱告，感謝上帝賜給我另一天的生命。我是一個科學家，對於生命的奧祕感到非常崇敬，其實我們活著這件事對我來說，本身就是一個奇蹟——能夠身爲一個有感知的個體，用這樣的意識和能力存活在銀河系中。我請上帝引領我，不要讓我浪費時間，而我在日常生活中也會時時提醒自己，活著就是一份大禮。每天結束、準備就寢前，我會逐一回想當日發生的美好事物，無論讓我開心的事有多小，我感謝上帝賜給我今天的生命。」

羅馬哲學家塞內加（Seneca）說：「我們應該把每一天當作一段不同的生命。」**每一天並不是前往目的地的一小步，而是我們要抵達的目的地**。如果我們能了解多活一天就是多得到一份禮物，如果我們能選擇不浪費自己的生命，不用過去或未來來糟蹋這份禮物，我們便能眞正地「活在當下」。

要怎麼做呢？首先，我們得確定自己是在「生活」，不是在「規畫」生活。一不小心，我們很容易就會在通往幸福的道路上急就章、敷衍了事，一直灌自己迷湯，催眠自己「要是……我就會……」，或「等到……我就會……」。不是說不該好好規畫人生，擬定計畫追求自己想要的事物，而是如果我們能夠活在當下，幸福其實就在我們左右。

關於這件事，我的狗莫莉或許就是我最好的老師吧。如果不用出差，我每天都會帶莫莉到我們住的後山去爬山散步。整整四十分鐘，我們攻頂再下山，這樣走了幾年之後，我發現一件很有趣的事：莫莉比我還享受爬山。

對我來說，帶牠去爬山的目的，好像就只是走上去再走下來而已，這趟路並不是用來放鬆身心的，只是例行公事。我帶莫莉爬這段山，是因我想趁機運動，希望因此保持健康、活久一點，不是純粹以「爬山」的動機去做這件事。但莫莉卻非常享受和我爬山的時候，如果我們在路上遇到其他狗，莫莉會停下來在牠們身上聞一聞打招呼；如果牠在途中發現新奇的事物，會停下來好好研究一番。我們散步的時候，牠大部分的時間都花在「聞玫瑰花」上面，而我大部分的時間則花在催促牠「快點！我們走」上面，一心只想著趕快爬完山回家交差。我們爬山的時候，莫莉總是活在當下，而我則是敷衍了事。

了解這點之後，我決定讓莫莉帶領爬山的方向。自此，如果我們在路上遇到鄰居，我會主動停下來好好聊一下天；如果我看到絕美的山景或花朵，也會駐足享受那一刻它們帶給我的感受；如果碰巧遇到朋友，我會慢慢跟他敘舊，不再急著到山頂。新的爬山方式，漸漸地變成我的生活態度。

如果這是最後的日落

九十三歲的老畫家約翰告訴我，他發現過了九十歲之後，有些地方就變得不一樣。他說：「我很喜歡跟別人說，每次我說自己快要九十四歲的時候，就像一個小男孩很高興地說自己快要八歲了一樣。自從我活過九十歲之後，我變得很珍惜活著的每一天。」

約翰開始談論自己的死亡，細數自己還剩幾年的時光，這個自覺讓他改變日常的生活態度。他說：「當你到我這個年紀的時候，你會不時在想自己到底剩幾年。我有兩個寶貝曾孫女，分別是八歲和六歲，我常常在想自己究竟能看她們長到幾歲。我有機會看她們從小學畢業嗎？我知道高中是不可能的。現在我只要看到黃澄澄的日落或是優美的芭蕾舞，我就會落淚。我之所以落淚不僅是因爲受到這些美好事物所感動，也是因爲知道自己沒多少機會能再看到這些美好的東西。年輕的時候，大家都會說要好好把握時間、活在當下，但其實我們都不知道這些話眞正的涵義是什麼，現在我懂了。不管活到哪個年紀，我們其實都不知道自己還有多少機會能再體驗那些美好的事物，正因如此，活在當下才顯得異常重要。我們應該要好好珍惜活著的每一次呼吸，用心體會吐納之間的感受，把每一刻當成自己活在這世上的最後一刻。」

約翰的話讓我想起電影《大家來我家》（*A Prairie Home Companion*）裡的一句臺詞，那是扮演廣播節目主持人G.K.的葛瑞森．寇勒（Garrison Keillor）說的：「每場秀都是你的最後一場秀」〔這部電影也眞的成爲電影大師勞勃．阿特曼（Robert Altman）執導的最後一部電影〕。這位老畫家的話讓我印象深刻，構成一幅影像改變我人生的每一刻。每當我沉醉在喜悅之中，我會開始提醒自己，沒人知道這樣的時刻會再來幾次，所以我不再隨便度過這些時刻，開始用心感受。有時候，我會發現自己就像約翰那樣，頓時間不自覺就熱淚盈眶。

這些年來我認識一些癌症患者，他們最常談到的話題之一，就是當他們接到診斷書確定自己罹患癌症之後，有兩件事會發生。第一件事就是時間會自動加速，突然就越走越快。但他們也會告訴你，時間好像變慢了，活在人世上的每一時、每一刻，瞬間就被當作寶，用心珍惜。對這些癌症病友來說，這輩子第一次再也沒有什麼是「隨便」就好，也沒有哪一天是無用日，可以被輕易虛擲。這就是爲什麼在某些支持團體中，他們會說自己罹患的疾病是一份禮物的原因。對身體健康的人來說，實在很難想像，怎麼會去感激不治之症？但能夠體會每一天都彌足珍貴、應該要好好把握，實在是一份金錢也買不到的禮物。

結束這兩百多場訪問後，我每天早上起床，便開始花一些時間冥想，我感謝自己今天還活著，期許自己接下來一整天都能夠用心生活。在每天結束前，也會再冥想一次，感謝當日發生的所有美好事物。這麼做了之後，我發現以前我可能隨便度過的日子，現在變得更用心去感受，甚至在那些萬事俱衰的日子裡，我也能心懷感激。

我們能掌控的只有現在

除了把每天當作一份禮物用心生活外，我在這些生命智者身上還看到「活在當下」的另一層涵義，那就是——只有在現在，我們才有掌控事物發生的力量。想要在日常生活中實踐這個祕密——活在當下，我們就必須選擇活在此刻的現在，而不是過去或未來。

我們得了解一點，我們沒有能力掌控過去或未來，一點能力都沒有。過去早就過去，已經成爲既定的事實，那些消逝的時光與我們擦身而過，一去不留。無論過去發生了什麼事，我們都沒有能力改變；無論以前有多少悲喜，那些情緒早就凍結在時間之中。把心思放在過去，尤其是悔恨，只會剝奪現在的快樂，當你又不自覺開始懊悔過去，請記得告訴自己：那些事情已經發生，不可能改變，一直懊悔也沒有用。

但我們難道沒有能力改變未來嗎？畢竟，未來的事還沒發生，不是嗎？有趣的是，在此刻的現在，我們的確拿未來一點辦法也沒有。仔細想一下你花了多少時間在擔心未來的事，如：「糟了，我要感冒了！」、「×××會不會發生什麼事了?!」、「戰爭有沒有可能一觸即發？」、「下週一股市又要崩盤了」、「我老婆會不會離開我？」、「我小孩長大以後會不會變成一個有用的人？」、「年底公司會不會縮編」等，但你幾時發現你的擔心曾改變過任何事物？**擔心未來只確定會有一個效果：減少我們此刻的快樂**。里歐．巴斯卡利亞說過：「擔憂從不會減輕明天的哀傷，但一定會減少今天的快樂！」

當然，我們現在的行為也許會影響未來的發展，但那只是「可能」，我們能做的就是用心體會此刻的現在，當明日來臨時，也用同樣的精神認真生活。說的永遠比做的還容易，想要真正做到活在當下，我們得鍛鍊自己的心智，而這通常需要好幾年的時間。冥想是個不錯的鍛鍊方法，現代很多宗教，包括基督教和佛教，都用這個方法來修練心靈。當我第一次冥想試著讓身心歸零、集中如果某件事值得動手，那就用心去做——就像在跟你聊天或洗碗一樣，既然做了，就不能只是用手不用心。第二項原則就是：每個人都有能力決定自己的想法，因爲那些想法都在我們自己的腦中。」

快樂，是要花腦筋的

當唐納告訴我，快樂都在我們的腦中時，我突然靈光一閃，想到不管什麼時候，我都可以選擇感到滿足和感激，這個領悟讓我覺得非常震撼，可能因此改變了我的一生。唐納並沒有告訴我這個想法很容易做到，也沒有說不需要長年的練習，他只說我們都有能力做到。那些睿智的「長老」們只告訴我，我們可以練習對生活屈服，這種屈服並不是放棄，要我們不甘不願地接受現實的條件，而是學會調適，不讓外在的環境決定我們的情緒。「長老」們告訴我，決定幸福的權力操之在我，不在他人手上；他們也告訴我，只要我肯練習，無論什麼時候我都可以選擇感到滿足。

於是我開始運用一些簡單的方法慢慢練習，例如：每天早上起床後冥想表示感激、睡覺前專心回想今天發生的美好事物、練習不再當個庸人把自己拉回現在，並停止擔心那些不切實際的事；此外，我認眞練習用心體會每一刻的感受，把每一刻當成活在這世上的最後一刻。我希望這世上能有什麼魔法或是獨門妙方能讓我學會活在當下，但我從這二百三十五位生命導師的身上看到，學會實踐這個祕密需要時間和練習。

我們很多人經過提醒，都能記起父母或祖父母跟我們說過的話，那些話隨著時間被淡忘，但因爲某個際遇，我們會突然想起那些話，並打從心底折服話裡的智慧。現年六十幾歲的比爾跟我說，當他和兄弟姊妹還小時，他母親每天早上都會走進他們房裡叫他們起床，她會用力拉開窗簾，然後說：「太陽曬屁股了！生活靠自己創造。」比爾承認：「那時我眞的很討厭聽到這些話，但我想這些話無形中幫我很多忙，不斷提醒我，生活並不是每天發生在我身上的那些事，而是我對那些事所採取的反應。」

「活在當下」也表示我們要用感謝的心情來面對每一天的生活，這些生命智者不斷提到，懂得感激能夠帶來衷心的滿足感。他們有很多人告訴我，隨著年紀越來越大，終於學會不再執著於得不到的事物，自己也變得越來越懂得感激。在這些「長老」的身上，感激不只是一種態度，更是一項重要的生活哲學。

我在這些「長老」的身上還看到一種優雅的處世態度，我相信這是讓他們幸福的關鍵因素。他們學會在每一天用心生活，早上起床後，把新的一天當作是一份從天而降的禮物，認眞體會每一刻的感受。大多數時候，我們無法掌控事情的發展，但我們能夠控制自己的反應，也能夠選擇用心生活，用感恩的心認眞度過每一天。我們可以換顆腦袋、鍛鍊自己的心智，提醒自己不要再自怨自艾，或擔心還沒發生的事，把自己逼得喘不過氣來，而是好好地活在當下，把握此時此刻的每一秒鐘。

幾年前我對一大群人演講，有個三十出頭的年輕人坐在觀衆席第一排中間，整場演講都很用心在聽。那個年輕人做了好多筆記，當我講到幽默的地方，他會跟著大笑，如果故事很感人，他也旁若無人般盡情地哭，有時還會提醒鄰座專心聽我講話。演講結束後他上前與我交談，請我幫他在書上簽名。我簽名的時候，他感謝我讓他聽了一場很棒的演講，我說：「不，我才該好好謝謝你。」

我說：「你的精神很好。我發現，在演講的時候只要看到你，我就會講得更起勁，而你就坐在第一排。」那位年輕人回答：「這是我祖母教我的。你知道嗎？她去年過世的時候，告別式上沒有人悲傷得落淚，當然大家都很難過，但還是有不少歡樂。雖然祖母離開我們，但我們都知道她這輩子活得很滿足，她很珍惜生命、不浪費時間，並享受每一個小小的快樂。

祖母不但用心體會生活帶給她的感受，也用力回報這個世界，慈悲待人。只要是祖母能夠付出的，她絕不吝嗇。我在祖母身上學到，不管在哪個地方、哪個時代，如果你能用第一排的角度看事情，就有可能快樂地死去。」

也許我們都應該用喬爾建議的方式來開始每一天，起床後，感謝自己又多活一天，並提醒自己不要浪費時間。出門之後如果在路上遇到認識的人，當他們問我們好不好時，我們要精神飽滿地回答：「很好！」提醒自己要把握時間、對今天發生的事心存感激；此外，要是不自覺又開始回想起昨日的遺憾，或擔心明日的將來，我們要趕快告訴自己快點回到現在。每一天，我們都要用心感受每一個微不足道的小快樂，就像九十三歲的約翰說的：「把每一刻當成自己活在這世上的最後一刻。」然後在一天結束前，仔細回想當日發生的好事，不管事情有多小，最後再請求上天再多給一天。

這就是我們必須知道的第四個祕密：活在當下。

下列四個問題能幫你好好想一想，自己有沒有在日常生活中實踐這個祕密：

- 今天（這個星期）我有沒有盡情體驗自己手上正在做的事？我是否用心做，還是只是用手做？
- 今天（這個星期）我有沒有用心感受每一個小快樂（例如吃到好吃的東西）？我是否懷抱著生命可貴的自覺在生活？還是隨便過過？
- 今天（這個星期）有哪些事讓我心存感激？我是否說了：「要是……我會比較快樂」？我有沒有選擇感到滿足和快樂？
- 今天（這個星期）我有沒有活在當下？還是讓昨日的遺憾或明日的擔憂偷走了今天的快樂？

第7章

人生的第五個祕密

生命對我來說，不是一根很快就會燃燒殆盡的蠟燭，而是我此刻拿在手上的一把閃亮火炬，在我把它傳給下一代之前，我要盡量讓它燒得更亮一點。

蕭伯納

多年前當我還在當牧師時，我幫一位素昧平生的老先生舉行告別式，我永遠也忘不了那一天，我一個人獨自站在棺木前念悼詞，在場一個人都沒有。雖然這位老先生這輩子都住在當地，他的兩個兒子也只住在幾個小時車程外的地方，但沒有人到場追悼他，在場只有我和一個處理他後事的喪葬業者。當時我二十五歲，那場告別式讓我印象深刻，我很想知道一個人怎麼能活這麼久，卻觸碰這麼少人的生命？

稍後，當我對那位老先生的生平有所了解後，我才知道他生前只在乎自己的需求，晚年非常悽涼，無論他當初來到這世上是帶著什麼樣的光芒，他離開之後也一併帶走。他的告別式象徵了他的人生，他用什麼樣的方式待人，就用什麼樣的方式離去。

我祖父的告別式則完全相反，我們家族的人都很訝異當天到場追悼的人數之多。我祖父其實是個相當低調的人，但很多陌生人都上前向我母親表示慰問，告訴她我祖父讓他們的生活有什麼改變。喪葬業者向我們致歉，說幫我們安排的房間「太小，與我祖父活躍的人生不搭」。當天在殯儀館，有位男子告訴我母親，五年前某天他站在一家服飾店的櫥窗前，看著一套復活節服裝，想要買給他的女兒，但是價格太高他負擔不起。那位男子說，我祖父當時剛好經過那家服飾店，看到他站在那裡不動，就和他聊了一下，聽完之後堅持要他把那套服裝買下來。即使我祖父當時身上剩下沒多少錢，那位男子說我祖父還是對他說：「你有錢的時候再還我吧！」這麼多人到場追悼我祖父，並不是因為他從這個世界帶走什麼，而是他給了這個世界什麼。

在我們訪問這二百多位「長老」時，有一道題目是：「截至目前為止，什麼事讓你覺得人生很有意義？」在他們的回答當中，我找到我們死前一定要知道的第五個祕密，也是本書的最後一個祕密：施比受更有福。

十分鐘vs.十小時的告別式

訪談中這些受訪者一直告訴我，人生最重要的是你踏過的足跡，整條路因為你來過而有所不同，對他們來說人生最重要的事各不相同，但背後的主旨是一樣的。對某些受訪者來說，活著見到孩子長大成人很重要，他們希望看到自己的孩子健康長大，日後能夠關懷他人、做個有用的人。對另一些受訪者來說，自己的工作成就很重要，他們希望自己的工作能夠影響未來。

還有一些受訪者，對他們來說，知道自己每天付出多於接受很重要，他們因此找到眞正的快樂。聽這些公認活得很幸福的人回溯過往，我們發現，付出最多的人擁有最大的快樂。

六十三歲的肯恩，來自愛荷華州的小鎭理髮師，就站在他的理髮椅旁找到人生的幸福。四十二年來他聽客人訴說最近發生了什麼事，找到一種方式來服務人群。

「我發現人生最大的快樂，始終來自於付出，不是接受。來我店裡的人生活都不富裕，有些是務農的，我在半個小時內服務他們、幫助他們放鬆、爲他們剪剪頭髮。當理髮師最棒的就是能夠參與別人的生活，其實跟當牧師很像，大家來找你聊聊最近生活發生了什麼事，有可能一個青少年跟父母鬧彆扭，或是做丈夫的在家裡有麻煩，你聽他們說，如果可以就提供一些意見，這就是在幫助別人。我想，人生最大的快樂就是，看到事情因爲自己而變得更好。」

肯恩告訴我他參加過很多人的葬禮，有時也會被殯儀館叫去爲死者整理頭髮，他說：「如果你在一個小鎮當理髮師，你大概會認識每一個人，所以我參加過很多葬禮。不過，我發現有十分鐘的告別式，也有十小時的告別式。有些人生前用正面的態度幫助、接觸過很多人，所以來追悼他的人在儀式過後都不急著離去，想要留在現場和其他人聊聊他生前的爲人。而有些人則是過著比較自我的生活，所以來追悼的人就不會那樣。對我來說，人生應該用希望自己的告別式是十小時的方式生活。」

聽完肯恩的話之後，我不禁想像我的告別式會持續多久，十分鐘？還是十小時？我的生活方式是否讓別人覺得認識我眞好？雖然我不是很願意承認，但我年輕的時候，有時會幻想自己早死，我會幻想我的家人爲我流眼淚。但現在中年的我了解，活著並不是爲了日後能舉行一場很風光的葬禮，之所以會有十小時的告別式，是因爲我們活得很有價值，而這是肯恩站在他理髮椅旁邊發現的。

六十七歲的傑克念的是工程，畢業後心不甘情不願地到父親公司上班，他發現父親因爲付出而感到衷心快樂。傑克說：「我父親是我人生最棒的楷模，他人很好，公司經營得很成功。父親在一九六〇年代早期就開放員工認股，早在這個制度在業界風行之前，他就這麼做，因爲他相信這是好的。父親對錢其實沒什麼興趣，他比較在乎族群關係，如果你問別人他的爲人的話，他們會說他是達拉斯（Dallas）最值得信賴的人之一。父親花了很多的時間工作，也打橄欖球，但是他人生最大的快樂來自於當個好人，而我很欣賞他這點，我看到很多人也很欣賞他這點，我想是他影響我對成功的定義。」

傑克幾十年來經營的公司，是全美最受尊崇的私人企業之一，他在好幾個組織當過董事，現在在某個大都會地區的學院擔任校董會主席。我問傑克什麼事讓他的人生感覺最有意義，他回答：「呃……首先就是我的孩子，如果你也有孩子的話，我想做人最基本的事，就是要盡力讓他們變得比你更好，你得把你的看家本領傳給下一代。第二就是我的公司，我很以我們的事業爲榮，我很高興我們能讓大家的生活變得不一樣，我想我只是喜歡讓事情變得更好。」

在我聽完更多受訪者的回答之後，我發現，眞正快樂的人是付出的人，不是接受的人。或許這些受訪者並不像德雷莎修女（Mother Teresa）或甘地（Gandhi）那樣無私，但他們也發現，如果我們能夠付出更多，就會更快樂。

你不會帶走任何東西，但你可以留下……

維克多．法蘭克是猶太裔心理治療師，在一九四二到一九四五年間被關入納粹集中營，他稍後在《活出意義來》（*Man's Search for Ultimate Meaning*）這本書中記載他當時的經驗，這本書有一部分重要的章節在探討自殺。

法蘭克在書中指出，集中營有很多囚犯都在考慮自殺這件事，他們會有這種想法其實並不令人意外，因爲這些人全部都被監禁起來施以酷刑，被剝奪自由、工作、財產、家人和自尊。法蘭克發現，如果你告訴一個打算自殺的人，如果取消念頭繼續活下來會從這個世界得到什麼、未來會有多快樂，他並不會聽你的。但如果你能夠讓他了解這個世界對他還有什麼期望、他活著還能做一

間非常昂貴的高級餐廳。

那頓晚餐他和學生吃得非常愉快，敘舊聊到很多有趣的事，當時間差不多了，他們打算離去時，安東尼示意要買單，因爲他知道那筆錢數目不小，但安東尼在四十年前教過的學生，把帳單拿了回來說：「不，我堅持付這頓。」當年才剛成年，現在已經五十幾歲的學生接著說：「您難道不明白我現在擁有的一切都要歸功於您？您的教學改變了我的人生，點燃我對表演的欲望，告訴我專業的重要。因爲被您教過，我才有今日的成就。」

安東尼雖然記得自己當時與這位學生互動良好，卻不清楚自己對他的影響有這麼大，安東尼說：「我當時了解到一點，我們從來都不知道自己對別人的影響有多大。如果有機會知道，多半是在多年以後，當所有事情都已經事過境遷時，有時候我們根本就沒有機會知道。當我知道自己對肯尼的人生有這麼大的影響之後，我的心裡有很深的感受。」

這件事對我們每個人來說都一樣，並不是只有安東尼才有那樣的感受。我們通常只會看見自己影響別人的一小部分，就像冰山的一角，殊不知在看不到的地方還深藏了一大塊。在這二百多場訪問中，有很多受訪者告訴我們之前參加葬禮的經驗，其中有些逝者非常受人景仰，很多人到場追悼他們，完畢之後還不捨離去，留下來跟其他人說逝者生前影響了自己哪些事。我們都有影響力，只是我們自己不見得知道。

經過這兩百多場訪問下來，我逐漸相信很多人都渴望和我們以外的大存在有所連結，我們努力創造那個連結。七十一歲的退休物理學教授喬治告訴我他的精神信仰：「我越深入研究物理學，就越相信事物彼此相連。宇宙中有一股相互作用我們尚未完全理解。」他說：「你遲早會了解，你並不會帶走任何東西，但你可以留下一點東西。」

找到自我又能忘卻自我，才是眞正幸福的人

我在執行這個「長老」計畫的時候，很多人問我「宗教」或「精神信仰」對這些公認已經找到人生幸福和意義的人有什麼涵義。這些大家一致認爲有智

慧、活得很快樂的人，都有自己的宗教信仰嗎？我發現，他們共同擁有的信仰，並不是我們稱為「宗教」的東西，而是某個與自己有關的大存在。對某些人來說，這個大存在是自己信仰的神；對另一些人來說，這個大存在是輪迴——我們的生前與死後；對其他人來說，這個大存在則是與我們身為人有關的不思議之事。無論這個大存在到底是什麼，中心思想都是教人要慈悲，並且及時行善。金恩是這麼說的：「我的人生之所以有意義，是因為我知道營地在我離開之後，會比我剛到的時候變得更好。」

剛滿古稀之年的狄克，青少年時期曾深刻感受到上帝的存在，他說：「我請祂進入我的生命，而影響我最大的是黃金律（The Golden Rule）——你願意別人如何待你，你就要如何待別人，我盡力在職場和日常生活中奉行這條準則，幾十年下來，偶爾會發生一些說起來還挺奇妙的事。比方說有一次我遇到一個遊民，他已很老了，滿臉白鬍鬚，當時我和朋友在紐奧良（New Orleans）出差，晚上走在有名的法國區（French Quarter），有個遊民突然從角落走出來向我們要食物，當我開口邀請他跟我們一起在法國區的餐廳用餐時，我朋友嚇了一跳。我跟那位遊民說：『你要吃多少都可以，儘管吃！』他也眞的照做。當我們吃完晚餐互道再見時，遊民向我表達他的愛，謝謝我對他這麼好。這麼多年來，我都會在日記上記錄我實行黃金律做了什麼事，這些事讓我獲得眞正的快樂。」

八十四歲的唐納，生長在一個相信慈善會讓人生更美好的家庭，他說：「服務的精神比較像基督教，對猶太人來說，那個概念是慈善。我還小的時候，父母會在門邊放幾個盒子，我父親每天晚上回家之後都會在裡面投一些錢。每個盒子代表不同的慈善單位，幫助的對象都不一樣，父母要我們記得每個盒子代表的意義，以便了解我們幫助的那些人有什麼需求。」就像黃金律引導狄克的人生一樣，猶太教的「策達卡」（Tzedakah）——富有的人慷慨捐出財物幫助有需要的人，也勾畫出唐納幸福人生的藍圖。

然而，並非擁有宗教信仰的人，才會藉由幫助他人的形式來創造自己與大存在的連結。很多清楚表明自己是無神論者，或是不可知論者的人，也表示找到自己與某個大存在的連結是發現幸福的主因。我們在第三章看過鮑伯忠於自我的故事，他十歲的時候就告訴母親自己長大以後要當生物學家，鮑伯對大自然的愛就是他的生活重心，他覺得自己與大自然之間有很強的連結感。鮑伯說：「如果你是一個生物學家，每天看到自然環境被人們無情的破壞，每天都得強迫面對失去。」

知道事情因為自己獲得改善，讓鮑伯覺得人生很有意義，他說：「我可以看著地圖指出哪些綠地在我死之後還會繼續存活，我知道我協助創立了好幾個有力的組織，而這些組織留在世界上的時間也會比我久。對某些人來說，他們留在這世上的印記就是下一代，而對我來說，我留下來的印記就是我的工作。」

我們當初請那一萬五千位網友向我們推薦生命中的「長老」——一個活得夠久、可以教我們智慧的人，在最後篩選出來的這二百三十五位「長老」當中，還是有少數幾位對自己的人生表示感慨。我發現，這少數幾位「長老」與其他滿意自己人生的「長老」最重要的差別之一，就是有沒有找到自己與那個大存在的連結。

在這二百三十五場訪問結束之後，我的結論之一是，我們每個人的人生都有兩項重要的任務：第一是尋找自我，而第二項則是要忘卻自我。我們透過跟隨自己的心、了解自己活著有什麼人生目標來尋找自我，但是這還不夠，我們必須要懂得忘卻自我。

忘卻自我指的是，了解我們和某個大存在有所連結，知道它在我們之前就存在，在我們死之後還是繼續存在。各種靈性傳統有很多辭彙在形容這樣的大存在，其中有一個重要的共通點，就是忘卻自我——忘記「我」的重要，知道「我」之所以會重要，是因爲我們都是那個大存在的一體。誠如前面說過，對某些人來說，那個大存在是上帝，但對其他人來說，則有可能是整個人世或是大自然。無論如何，我了解到的一點是，能夠找到自我同時又能夠忘卻自我的人，才是眞正找到幸福的人。而我想，關於忘卻自我，沒有什麼方法比將生命奉獻在付出上更好的了——讓這個世界在我們離開之後，比我們剛到的時候變得更好；這將使我們和過去與未來串在一起。

我們與整條生命鏈的連結讓人生變得有意義，六十四歲的比爾說：「我因爲兩個孩子還有四個孫子，人生過得很有目標，也很有意義。他們讓我覺得我不再只有自己。我的孩子長大之後變成心地善良的人，對別人都很好，也常常主動關心他人。然後，我看到我那年紀已經八十五歲的老媽媽，都是她把這些價值傳給我的。這條血脈讓我活得很有目標，我覺得自己是其中的一分子，愛從上面一直往下傳。」

六十三歲的哈維，告訴我一個讓人感動的故事。哈維之前從商，五十幾歲時轉行當演員，曾在五十多部影集中演出。哈維說：「我人生最重要的日子，就是我出生那天，我實在是運氣太好才能擁有那樣的父母，我想應該沒有什麼事比這需要更多運氣了吧！我父母影響我最大的是他們的行爲，我母親是個非常無私的人，而我父親則是我看過最慷慨的人，不但教我們付出的價值，也用行動以身作則。我父親的葬禮，我到現在還記得很清楚，因爲當天有一千個人到場送他，我甚至不知道他爲什麼會認識那一千個人。他們很多人都跟我說，父親改變了他們的人生。」

讓哈維印象最深刻的是，有一個男子跟他說了件他從來不知道的事：「我長大的那個年代，有很多猶太人移民來加拿大，大部分都來自東歐或德國。當時有個組織叫猶太無息貸款協會（Hebrew Free Loan Association），專門提供無息貸款給這些新移民，幫助他們開啓新生活。那個男子跟我說，我父親在協會早期幫每筆貸款簽保。」哈維的父親生前從未跟他提過這件事，一個字都沒有。哈維在父母身上學到，行善不只讓別人的生活過得更好，也讓施善者自己受惠。

當然，無論有沒有生育子女，我們都是這條生命鏈的其中一環，也都能用各種方式付出，如安東尼用教學的方式，哈維的父親用慈善工作引發另一個善行。拿在我們手上的那把愛與生命的火炬，不是因爲我們的存在而燒得更亮就是因爲我們而只剩下小小的火苗。我在這些生命智者身上看到，如果我們付出的多於得到的，就能夠讓這把火炬燒得更熾烈，也更能夠感覺到自己和大存在的連結，人生因此會變得更有意義。我在這二百三十五位「長老」身上學到，我們可以因爲那個大存在而忘卻自我。

第8章

準備告別人生的舞台

真正活過的人不害怕死去。

佛陀

我岳父目前六十出頭，健康狀況良好，去年某天他來我們家吃飯時，突然當眾宣布自己最近一直在想死亡這件事，他希望我們不要在他的葬禮上掉淚（聽到這句話，我太太當然就開始掉淚）。接著還說，他希望我們大家都知道他並不怕死，這件事對他來說非常重要。

我岳父說：「記得我年紀沒這麼大時還挺怕死的，但現在我離這件事越來越近，就沒什麼好怕的了。」接下來的場景是我人生中最感人的幾幕之一，岳父開始聊起他的人生，在場的許多人都感動得哭了，席間傳遞著許多愛的話語。岳父在生命的後半段，給了全家人一份很棒的禮物：願意聊聊我們都知道但避而不談的話題——我們總有一天都會死。

那場談話發生在執行「長老」計畫的兩個月前，當我們開始進行訪問時，我在其中加入一道新的問題：「現在你的年紀更長，可不可以與我們分享你對死亡的看法有什麼改變？你怎麼看待死亡這件事？我們說的不是你對死亡的抽象概念，而是你對自己死亡的看法。」身爲一個將滿五十歲的中年人，我想知道這些用睿智態度活出人生意義的人，是怎麼看待自己的死亡。

跟二百三十五位年逾花甲的人談論對死亡的看法，與跟三十幾歲、四十幾歲和五十幾歲的人談論死亡非常不同，這些人中有很多都已經多次體驗過與親友生離死別的痛苦，包括自己的另一半、父母、好友等，更甚者，有不少人也有過瀕死體驗。這些受訪者告訴我，隨著年紀越大、越接近死亡，他們更常想起死亡這件事，就像八十五歲的安東尼說：「我現在已經超過『最佳使用期限』了！」對這些受訪者來說，死亡並不是遙遠的可能，而是平日處世觀的一部分，他們對死亡的看法不僅鼓舞人心、見地深刻，聽完之後也讓人對死亡不再那麼恐懼。

在這些生命智者給我們的禮物當中，有一份我最想要與讀者分享，那就是在這二百三十五個人當中，害怕死亡的人寥寥可數，用一隻手就數得完。他們幾乎都把死這件事融入生活當中，我發現，如果我們能用睿智的態度生活，便不會害怕死亡；如果我們能在日常生活中力行本書的五個祕密，我們便不害怕死亡。唯有當我們不用睿智的態度生活、沒有力行這五個祕密時，我們才有恐懼——對每件事都恐懼。

我的好朋友大衛．庫爾是一位醫術相當高明的醫師，他與臨終者相處了一段相當長的時間，根據這些經驗，他寫了一本寓義深刻的書：《臨終者的共同希望》（*What Dying People Want:Practical Wisdom for the End of Life*）。當我告訴他我在這些受訪者身上獲得的發現，他說他在與那些臨終者的相處當中，也發現到「快樂的人並不怕死」這件事。聽起來似乎非常奇怪，不是嗎？熱愛生命的人應該是最害怕失去生命的人才對，但大衛說，他在年輕一點的人身上還是看到相同的景象。我們活著的時候，就是我們死去的時候，如果我們用睿智的態度生活，我們就能接受死亡是生活的一部分。五十九歲的鮑伯告訴我：「我對死這件事一點都不會緊張，我走了臉上會帶著笑容。我對我的人生很滿意，我喜歡自己留在這世上的印記，也喜歡自己的生活方式。我一直記得我父親告訴我，他寧願過不一樣的生活，我暗自發誓絕對不要跟他一樣。人生最重要的事，就是做你這輩子來到這世上要做的事，我有做到。」

人們一再告訴我，如果我們用睿智的態度生活，我們就不會害怕死亡。事實上，當我問大家：當你走到生命盡頭，你最害怕什麼？他們回答的並不是死亡，而是沒有盡情生活。

六十四歲的媒地絲原住民，聖名爲「站立的白水牛」的湯姆，二十年來一直在主持族裡的儀式，湯姆告訴我，他們的習俗認爲，死亡並不是件令人恐懼的事，而是人生的一個自然歷程。他說：「在生命結束之前，我們只害怕自己活得不夠完整，沒有做這輩子生下來要做的事。死亡是人生的一部分，爲了接受死亡，我們必須知道自己確實活過。」

七十二歲的艾爾莎也表達相同的看法：「死之前最大的恐懼來自於，你沒有做自己應該要做的事，從來沒有眞正地活過。如果我們要爲死亡做準備，我們得盡情生活，不要留下任何遺憾。」好多人都表達過相同的看法。

這些受訪者有多位擁有瀕死體驗，他們一致告訴我，從鬼門關走回來最有趣的一點是，他們發現這個體驗一點都不會令人感覺不適——我們要離開這世上的時候，並不是充滿恐懼和難過。我們在第三章看過李察的瀕死體驗，他說：「當我看到醫生說：『不要走，留下來！』時，我並沒有看到白光，也沒有遇到耶穌，但我不會覺得不舒服，我覺得很平靜。從那一刻起，我就不再害怕死亡。」

艾爾莎還告訴我一個很美的故事：「我母親沒有宗教信仰。小時候我最愛的洋娃娃支離破碎時，我問她洋娃娃是不是上天堂了，母親馬上告訴我，人死了之後並不會上天堂，因爲沒有天堂，人死了就只是死了！」艾爾莎長大後找到屬於自己的宗教信仰，上帝變成她生命最重要的一部分，而她母親始終沒有宗教信仰。

「我母親臨終前，我去陪她。有天天色灰暗，她房間的百葉窗是拉開的，突然間天空亮了起來，有一道陽光射進來，我母親的臉充滿敬畏和安詳。我問她看見什麼，她告訴我：『好美，但我不能跟妳解釋，當妳的時辰到了，妳自然就會看見。』隔天她就離開了。」艾爾莎謹記著母親當時對她說的話慢慢老去，她相信終有一天，她會看見母親當日看到的景象。

有不少受訪者告訴我，自己能從現在看見另一頭，即使他們的宗教信仰不同，他們似乎都找到一個將死亡和生命結合的方法。他們往前看的時候，我在他們身上感覺到一股祥和之氣，有些人預見天堂，有些人則隱約察覺自己來自某個大世界。聽到這些人的看法，我不禁想起一九九二年聖露西亞籍諾貝爾文學獎得主德瑞克．沃克特曾在他的詩集《浪子》（*The Prodigal*）中寫道，當他越靠近死亡，越能看見「海豚在船首前隨波跳舞，迷濛中隱約看見家的輪廓」。沃克特說自己年輕時，從未想像過接近生命尾端體驗到的平靜，就像艾爾莎母親看到的景象，也像我岳父年輕時曾怕死，但現在卻能坦然面對一樣，沃克特找到自己之前沒有發現的平靜。

你留在這世上的最後一個影響

有些受訪者甚至告訴我，準備微笑告別人生的舞台，是一個人逐漸年老時必須做的要事之一。六十七歲的傑克說：「我父親在我現在這個歲數往生，我想我應該會活得比他久一點，但我這陣子更常想到死這件事。我不知道我們死後會發生什麼事，但我覺得很自在，我想如果死後有審判（我覺得應該有），我會獲得公平的對待。我有好多朋友已經走了，所以我有機會看人死的樣子。我有一個好朋友罹患肌萎縮性脊髓側索硬化症（ALS）[1]，他希望朋友能在他死之前陪在身邊。他讓大家感覺很舒服，我幫他寫悼詞，我在他走前幾天去看他，他已經不太能講話，我得把耳朵湊到他嘴邊才能聽清楚他在講什麼。儘管如此，他還是精神很好，保持一貫的幽默。我記得我當時決定自己也要像他那樣離開人世。」

我問傑克怎樣才算快樂地死去，他說：「就是不抱怨、精神還是很好，而且讓周圍的人都知道死這件事並沒有什麼大不了的，只是生命的一部分。死是我們最後能給的禮物，你留在這世上的最後一個影響，就是你死去的方式。」

也許我們的人生就是用來準備快樂地死去，也許不學會來到這世上屬於自己的那套獨特生活方式，我們就不能優雅地死去，甚至也許我們不了解死亡這件事，就無法用睿智的態度生活。七十一歲的朗跟我說：「人生的最後一環，就是準備迎接死亡，學會輕鬆看待死這件事。如果你不學會面對死亡，你就不知道該如何生活。直到你把最終的認識融入日常生活中，你才知道生活的方式，沒有人知道自己什麼時候會死，有可能是明天，也可能是二十年後，但如果你能夠把死這件事融入日常生活中，你就能安然度過每一天的生活。」死亡凸顯生命的急迫性，我們全都會死，直到我們願意面對並接受這個眞相，否則我們無法懷著希望生活。

到最後，這兩百多場訪問向我證明一點：用睿智的態度生活，是屏除死亡恐懼的最好方法。同時還告訴我一件事，我們逐漸年老時有一項最重要的任務，那就是——準備用快樂的方式死去，爲在世的人留下最後的希望。我從這些訪問還發現，如果我們了解自己是某個大世界的一分子，我們會更能用優雅的態度面對死亡這件事。

聽別人用平靜的態度講述對死亡的看法，這些溫和又堅定的聲音讓我相信，人生最大的妄想，大概是以爲我們跟身旁所有事物是毫無關聯的。這些受訪者用不同的方式告訴我，他們知道死亡可以讓他們回到更原始的地方，而且

1 又名「路・蓋里格氏病」（Lou Gehrig's disease），患者就是俗稱的「漸凍人」。

除非我們了解我們和我們內在獨特的自我是連結，而不是分開的，否則我們將永遠活在絕望當中。九十三歲的老畫家約翰告訴我：「我們只是一小點毫不起眼的污點，眞的，但我們是畫布的一小點。死之後，我們都會回到那裡。」

我人生有幾次感覺到神聖，都跟體驗到這種連結感有關。幾年前我在義大利山區溪邊健行，那附近有間修道院，英國文學家約翰．米爾頓（John Milton）就是在那裡完成巨作史詩《失樂園》（*Paradise Lost*）。我沿著溪邊行走，試著釐清自己在這世上的定位，當我聽到溪水在山間迴盪著泠泠聲，我警覺到自己是某個大世界的一部分。我不禁跪了下來，我腳邊的溪流有可能幾千年來用各種形式在這個山間不停地流，我把手伸進寒冷的溪水中，霎時間理解我這輩子都以爲自己跟這條溪水是完全不同的個體，以爲自己跟整個生命的網絡和宇宙萬物是分離的存在，但現在我領悟自己跟它們是一起的。我不只完全接受自己在這個世界上的定位，也相信有一天我會再加入生命的溪流，就像沃克特寫的，我能看見「海豚在船首前隨波跳舞」。

也許到最後，這些訪問不但教我如何快樂地死去，也教我如何過得更好。

我開始看到死亡與生命間的親密聯繫，這是我之前未曾注意到的。我年輕時當牧師，常常陪坐在瀕死的人身旁，因此注意到每個人在死之前的心境都不一樣，但現在我發現死亡和活著並不是沒有關聯的兩件事，我們活著的時候，就是我們死去的時候。

如果我們能用睿智的態度生活，就不會害怕死亡，那些覺得自己已經盡情生活的人，通常都能夠很安詳地離開，我們是因爲害怕自己沒有用自己最想要的方式生活，所以才會怕死。但我也發現，如果我們眞的用睿智的態度生活，我們會活在死亡的陰影下，戰戰兢兢地提醒自己時間不多，現在就得用心生活。我想朗是對的，他說：「除非我們把對死亡的認識帶進日常生活中，否則我們並不是眞的準備好要認眞生活。」除非我們能與死亡融洽共處，不是把它當作剝奪我們生命的外來客，而是我們身爲人的一個階段，我們才能找到平靜。

第9章

最後一課：只要開始，永遠都不嫌晚

這二百三十五位生命智者送給我的最後一份禮物是：了解時機的重要。

我們請一萬五千個人向我們推薦生命中的「長老」——一個他們認識、已經活了很久，而且活得幸福又有意義的人。這些訪問讓我們好奇：這些人始終都是用這種睿智的態度在生活的嗎？難道他們的基因比較優良？還是他們比較幸運，被人人稱羨的父母所養大？或是，他們跟我們所有人並無不同？

我們在訪問的過程中，並無法確切得知受訪者是從什麼時候開始採取某種特定的處世態度，我的結論是，有些人從非常年輕就發現這些祕密，而且身體力行，但其他人則是到了比較後段才領悟這些祕密。我們訪問的每一位長者都在人生路上拾得很多寶藏，慢慢才變成坐在我們眼前的「長老」。他們有些人在人生某個關鍵時刻遇到重要的轉捩點，這些關鍵時刻通常出現在人生的後半段，讓他們頓悟什麼才是人生真正重要的事；所以，重要的並不是我們在何時發現這些祕密，而是我們確實發現這些祕密。不管我們幾歲、犯了多少錯誤，當我們了解並實踐這些祕密，我們的人生就會開始改變。

在這些「長老」身上，我們看見很多很美好的氣質，其中之一是「優雅」。

他們都說自己年輕時對別人太嚴苛，當然對自己也不寬待。截至目前爲止，有一個主題我還沒討論，那就是「認眞生活，但不要評斷自己的生活」。認眞生活指的是用心體會活著的每一刻、用力學習做人的道理，人生不可能完美，我們會一直尋找失落的那一角。八十四歲的唐納是這麼說的：「過去的人生，已經過去。當我們能夠接受自己的過往，我們便開始完整。」他的話呼應了我們經常聽到的一個道理：當我們評斷自己的生活，就是在抹煞我們自己。如果我們能夠盡量避免比較、競爭、打分數和論斷事物，我們離智慧的距離就會更近。

當你思考自己是否每日力行書裡的五個祕密時，請不要用「裁判」的角度看自己的人生，而是反問：怎樣才能更認識、更在日常生活中實踐這五個祕密？評斷常常讓我們失去方向，往往不是讓我們誤以爲自己已經很完美了，就是讓我們覺得自己差勁透頂。過去的人生已經過去，現在我們有機會成長。

很多年以前，我跟一群中年人談論愛，我在會中強調，我們常常對親密的人不夠好、沒有展現我們的愛，就像在第五章提過的，在一般家庭，我們通常在對家人說了十四次不好聽的話之後，才會說一次中聽的話。會後，很多人上前與我交談，其中有一位看起來很「嚴謹」的老先生，等到全部的人都談完後才跟我說：「你剛才講得眞的很好。我今天聽完你的話之後，才發現我這輩子對家人和別人的方法根本錯誤了。當他們需要我的愛時，我給的是批評；當他們需要的是鼓勵時，我潑他們冷水；當他們要我正面時，我連他們一起拖下地獄。你的話改變了我的生命，我只有一點覺得難過，那就是如果我是在三十年前聽到你的話就好了，我浪費了我的生命。」淚水緩緩滑落他乾枯的雙頰。

他的話刺痛了我的心，他突然反省自己的生活，不喜歡自己的樣子。我想找些話鼓勵他，讓他因爲獲得新的體悟而高興，同時減少心中的遺憾。我跟他分享一句中國諺語：「種樹的最好時機是二十年前，第二個機會是今天！」如果在今天種樹，他的人生印記就會因此改變，還不算晚。

了解本書的五個祕密，今天就開始改變刻畫多年的痕跡，永遠都不嫌晚。能用睿智的態度生活一年，足以抵銷好幾年的遺憾。

在這兩百多場訪問中，我最喜歡的一場，是跟九十三歲的約翰、來自多倫多（Toronto）的老畫家聊天。他的雙眼閃耀著好奇心的光芒，聲音流露出仁慈的溫暖，雙手擁有藝術家的特質，有力又修長細緻。他成年後的前三十五年完全奉獻給共產主義運動，雖然他到現在還是支持共產理論，參加共產黨的經驗卻讓他打從心底失望，但他對這段生活還是用優雅的態度看待：「我學到很多事、認識很多很棒的人，總不能一輩子活在悔恨當中吧！你那個時候已經盡力。」約翰的第二個職業生涯是編輯，贏得不少獎項和殊榮，他在大家陸續休息的歲數開始畫畫。八十幾歲時，他的畫作被展示出來，畫廊老闆還覺得他的作品都賣光了這件事，眞的是很不可思議，他也因此一直在不同地方展覽作品。

我們最後一次見面時，約翰坐在一張長凳，雙手放在膝上。他說：「有時候我跟四、五十歲的人說話，他們講話的方式好像隔天就要不在了，我很想告訴他們：『欸，你們當成年人也才不過二十幾年，這段時間還不夠你們了解人生到底是怎麼一回事。如果你們活到我這把歲數，死之前還有一到兩段成年生活，不要這麼快就放棄自己！』」

還記得七十二歲的艾爾莎嗎？她有段非常痛苦的童年時光，在二次大戰的德國長大。她告訴我，當她看著自己孩童時代的照片，她很想告訴那個小女孩這麼多年才學會的看法。她說：「我每張照片看起來都很悲哀，從來都不笑。有時候我很想告訴那個小女孩，要堅持下去、要有信心，因爲她的夢想會實現，她會找到幸福。我想跟聽這些訪問的人說，如果你們堅持下去、繼續成長，你們會找到自己的夢想，讓自己的存在有所不同。」

希望本書的讀者，都能體會到這二百三十五位長者讓我感受到的優雅和處世態度。不要再評斷你的人生，從此刻用心生活，不管你犯了多少錯誤、過去有多少遺憾，今天就種一棵新樹！從現在起開始力行這五個祕密，如果你已經在日常生活中實踐它們了，請繼續身體力行！這是「長老」們告訴我的。

附錄1 和你身旁的長老談談

這是我們當初用來訪問「長老」的十四道問題題目，你不妨也拿來問一下你身旁的「長老」。

1 假設你現在和一群剛認識的人吃飯，有個人提議要大家自我介紹，在幾分鐘之內，讓每個人了解自己是怎樣的一個人、之前擁有什麼樣的人生，你會怎麼說？

2 截至目前為止，你覺得什麼事最讓你覺得人生很有意義？為什麼？

3 什麼事讓你打從心底快樂？什麼是你的幸福？在日常生活中，你會因為哪些事開心？

4 在你的人生當中，曾經面臨過哪些關鍵的十字路口？在那個時候你做了某個決定，所以你的人生因此變得不一樣。

5 在你所聽過的忠告中，哪一句說得最好？你是否把那些話聽進去了？你如何在自己的人生實踐那個忠告？

6 有什麼教訓是你希望更早學會的？如果你可以回去和年輕的自己好好聊聊，而且你知道他／她會聽你的話，你會跟他／她說什麼？

7 你是否有任何的精神信仰？

8 到了生命尾端，什麼是你最大的恐懼？

9 隨著年紀越來越大，你如何看待死亡？我們說的並不是死亡這件事，而是你自己的死亡。你害怕嗎？

10 在你的人生當中，精神信仰或宗教扮演了什麼樣的角色？

11 接下來，我們要請你完成這個造句，「希望那個時候我……」，你會怎麼接？

12 你已經活到現在這個歲數，能不能和我們分享，你覺得一個人如果要活得幸福、很有意義，他／她應該要注意哪些事？

13 同剛才那一道題目，你覺得如果要活得幸福、有意義，哪些事並不重要？哪些事是你現在希望自己當初可以不要那麼在乎的？

14 如果只用一句話來告訴比你年輕的人，怎樣才能找到人生的幸福和意義，你會說什麼？

附錄2 受訪者名單

我們在此收錄願意公開姓名的受訪者名單（依姓氏字母排列），我們由衷感謝這些長者願意與我們分享智慧。而對於那些不願公開姓名，或是我們還來不及徵得同意便已先一步離世的長者，我們也同樣由衷表示感謝。

Olive Charnell
Felisa Cheng
Sylvia Cust
Amy Damoni
Robert Davies
Ralph Dick
Muriel（Jamie）Douglas
Susan Samuels Drake
June Dyer
Gerry Ellery
Immanuel Ephraim
Gordon Fuerst
E．Margaret Fulton
Bansi Gandhi
Harvey Gold
Maggie Goldman
William Gorden
Jacqueline Gould
David Gouthro
Walburga Ahlquist
James Autry
Ann Ayres
Abu al-Basri
Fateema al-Basri
Pravin Barinder
Joel Barker
George Beer
Emily Bell
Juana Bordas
John Boyd
Robin Brians
William Bridges
Ann Britt
Ammod Briyani
Father John Edward Brown
Darlene Burcham
Ron Butler
Pat Campbell

Juliana Kratz

Jacob Leider

Lucie Liebman

Eileen Brigid Lindesay

George Littlemore

Martha Lofendale

Dan London

Jack Lowe

Laura Lowe

Dyane Lynch

Gordon Mains

Farolyn Mann

Clive Martin

Tom McCallum

Carlos Montana

Craig Neal

Juanita Neal

Elsa Neuner

Joyce Nolin

William Hawfield

Orville Hendersen

Pablo Herrera

Paul Hersey

Antony Holland

Lauretta Howard

Wayne Huffman

Abdullah ibn Abbas

Lamar Jackson

Jay Jacobson

Joci James

Evelyn Jones

Sr. Elizabeth Kelliher

Loretta Keys

Donald Klein

Ada Knight

Ronald Komas

Jim Kouzes

Ken Krambeer

Lynn Smith
Mary Ruth Snyder
Joel Solomon
Jerry Spinarski
May Taylor
Patricia Thomas
Tom Waddill
Harvey Walker
Bryan Wall
Bucky Walters
Esther Watkins
Lea Williams
Bert Wilson
Robert Wong
Max Wyman
Jesse Nyquist
Derek O'Toole
Irene Parisi
Bob Peart
Dick Pieper
Ronald Polack
Lee Pulos
Alice Reid
Rufus Riggs
Felicia Riley
Jeannie Runnalls
Murray Running
John Sandeen
Jim Scott
Mark Sherkow
John（Jack）Smith

謝辭

我要在此感謝一些人的協助，因爲他們，本書才能順利出版。

本書是由我幫傳記頻道（The Biography Channel）錄製的一部電視影集改編而成的，影集名稱是《死前一定要知道的五件事》（*The Five Things You Must Discover Before You Die*），如果不是這部影集，我們的研究計畫也許永遠也不會開花結果。謝謝羅傑斯電視台（Rogers TV）萊斯利．索爾（Leslie Sole）對整個計畫的支持，明瞭我想傳遞給世人的訊息，也謝謝羅傑斯和傳記頻道的製作團隊——湯姆、史丹和泰歐，你們花了非常多的心力，我眞的很爲整部影集感到驕傲。

謝謝貝雷特科勒（Berrett-koehler）出版社的史帝夫．皮爾桑提（Steve Piersanti），他對我的寫作能力一直都有信心，並贊同本書的理念。史帝夫本身就是本書的最佳代言人，躬親力行書裡多項原則。我也要謝謝貝雷特科勒出版社的編輯和行銷人員，尤其是安．麥特安格（Ann Matranga），她提供我許多寶貴的編輯建議，讓整本書的內容精進不少。

謝謝我的同僚研究員萊絲麗和奧莉維亞，她們兩人聯手安排了百場以上的訪問。我要特別感謝奧莉維亞，她非常重視這些受訪者的人生經驗，鼓勵我把它們記錄下來和大家分享。

謝謝我聰明又能幹的助理艾爾可，無論是電視影集或是這本書的編撰，她都幫了我很大的忙——妳是這整個「長老」計畫的靈魂人物，因爲妳，計畫才能持續進行，光是妳的鼓勵和信心，就讓整個計畫充滿動力，更別說妳「鞭策」大家向前的千百種方法了！

謝謝幾位一直鼓勵我，要我們一定要完成整個計畫的好朋友：布雷德．哈波（Brad Harper）、喬許．布萊爾（Josh Blair）和傑夫．范德威廉（Jeff VanderWeilen）。謝謝馬克思．懷門（Max Wyman），自我進入中年後他便是我的心靈導師，對於人生能有這麼一位良師，我一直滿懷感激。謝謝我的拜把兄弟傑諾米．鮑爾（Jeremy Ball），大家都叫他ＪＢ或ＣＣ，他跟我說：「你的人生就是用來準備寫這本書的」，如果說真正的朋友是時間沖不淡、距離拉不開的，他就是這麼一個朋友。

謝謝我的祖父亨利．特普，他影響了我對生命的態度，只可惜我還沒來得及完全吸收他的智慧，他就先一步離世，當我們與計畫的受訪者進行談話時，我彷彿聽到他的聲音。

謝謝二百三十五位願意與我們分享人生體悟的白髮智者，我多麼希望能把你們每一位的故事寫進這本書裡，你們當中有很多人都已經變成我們不可多得的朋友，在你們身上，我們看見友誼的可貴。對於談話沒有直接收錄在這本書的受訪者，我們希望你們知道，雖然你們的談話沒有直接記錄在這本書，卻以無形的方式影響整本書的風貌，在字裡行間輾轉傳遞著人生的智慧。

最後，我要感謝我的人生與事業的好搭檔——我的老婆萊斯莉，她不但是我電視影集的製作，我常常覺得，她也是我人生的執行製作。萊斯莉，妳總是跟我說：「要不就把事情做好，要不就乾脆不要做！」妳對這本書還有我的人生的編輯意見，讓一切變得更好。妳總是能讓我的心翩然起舞，直到此刻還是。

約翰．伊佐

這一生，你要知道的五個祕密

作者	約翰．伊佐（John Izzo）
譯者	吳綺爾
商周集團執行長	郭奕伶
商業周刊出版部	
責任編輯	羅惠馨、林雲
封面設計	陳文德
內頁排版	豐禾設計、中原造像股份有限公司
出版發行	城邦文化事業股份有限公司 - 商業周刊
地址	115020 台北市南港區昆陽街 16 號 6 樓
	電話：（02）2505-6789　傳真：（02）2503-6399
讀者服務專線	（02）2510-8888
商周集團網站服務信箱	mailbox@bwnet.com.tw
劃撥帳號	50003033
戶名	英屬蓋曼群島商家庭傳媒股份有限公司城邦分公司
網站	www.businessweekly.com.tw
製版印刷	中原造像股份有限公司
總經銷	聯合發行股份有限公司　電話：（02）2917-8022
初版 1 刷	2016 年 6 月
二版 2 刷	2024 年 5 月
定價	330 元
ISBN	978-626-7366-78-3（平裝）
EISBN	9786267366806（PDF）／9786267366790（EPUB）

本書為《早知道會更好的人生祕密》（2008）《死前一定要知道的五件事》（2016）改版

國家圖書館出版品預行編目資料

這一生，你要知道的五個祕密 / 約翰．伊佐 (John Izzo) 著 ; 吳綺爾譯 . -- 二版 . -- 臺北市 : 城邦文化事業股份有限公司商業周刊 , 2024.04

面；　公分

譯自 : The five secrets you must discover before you die.

ISBN 978-626-7366-78-3（平裝）

1.CST: 自我實現　2.CST: 成功法

177.2　　113003008

生命樹

Health is the greatest gift, contentment the greatest wealth.
~Gautama Buddha

健康是最大的利益，知足是最好的財富。 ——佛陀

你來得及活出你要的人生嗎？
有一群公認「真實體會幸福」的生命智者，
跟他們談話，改變了我的人生，
希望他們的故事也能改變你的人生。——約翰．伊佐博士

這一生，你要知道的五個祕密——

- 第一個祕密：**忠於自我**

幸福的人問的問題不是「我是不是在做最重要的事」，而是「我是不是在做『對自己』最重要的事」。

- 第二個祕密：**遠離遺憾**

死亡並不是我們害怕的事。我們最害怕的，是到最後才了解自己從來沒有盡情生活過，到要走的那一刻說的是「真希望那個時候我……」。

- 第三個祕密：**學會愛人**

一位八十五歲的婚姻諮詢專家告訴我：「我注意到每對男女剛開始在一起時，幾乎只看見對方的好，但日子久了，眼裡慢慢就只會看見對方不順眼的地方。如果大家能夠把比例調換過來，大多數的婚姻關係和家庭生活就會改善許多。」

- 第四個祕密：**活在當下**

九十三歲的約翰說：「把每一刻當成自己活在這世上的最後一刻。」然後在一天結束前，仔細回想當日發生的好事，不管事情有多小，最後再請求上天再多給一天。

- 第五個祕密：**施比受更有福**

我們都活在一個「借來的」世界裡。我們每一代都向上一代借用世界，到手之後便小心翼翼地把它捧在手上，直到借用期結束，再把它借給下一代。

The Five Secrets You Must Discover Before You Die
John Izzo

ISBN 978-626-7366-78-3
00330
9 786267 366783
定價330元 WBBT0050A1
cite 城邦 媒體
商業周刊網址：
www.businessweekly.com.tw
陳列建議：心靈勵志

遠距成交女王銷售勝經

打破框架、不停成交的線上線下實戰攻略

黃明楓——著

- 憑數位工具經營客戶，年度保費成長 15 倍
- 業績超過 3 億、疫情三級警戒下成交件數增長 262%
- 分層管理 LINE 群組，將線上拜訪客戶 SOP 化

教你從客戶家門走入客戶心門

實戰步驟 ╳ 案例技巧 **線上╳線下雙軌並進**

一次公開最好學、卻最難掌握的
全通路整合銷售法則！

專業推薦
（依姓名筆畫排列）

商周集團總經理
朱紀中

南山人壽代總經理
范文偉

國立中央大學終身榮譽教授、
台灣亞太產業分析專業協進會
(APIAA) 院士
單驥

雄獅旅行社
企業服務處總經理
賴一青

南山人壽副總經理
賴昱誠

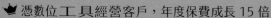

作者

黃明楓

南山人壽順橙通訊處, CFP, 美國百萬圓桌（MDRT）終身會員

學歷及證照

國際認證高級理財規劃顧問CFP證照

國立中央大學產業經濟研究所碩士

國立東華大學經濟系學士

經歷

美國百萬圓桌 2020-2022 台灣分會地區主席

欣意食品及明楓行銷物流有限公司負責人

神周食品企業有限公司（家族企業）營業部經理

荷商聯合利華（Unilever)行銷部

獎項

2009年壽險公會優秀從業人員

2020年和2022年美國百萬圓桌超級會員

2019年和2021年美國百萬圓桌頂尖會員

2021年亞洲信譽最佳保險業務員入圍

媒體報導與講座

2022年美國MDRT年會講師

2021年和2022年台灣MDRT Day 大會講師

2021年商周百大顧問直播主講

2021年商周1759期封面故事「遠距成交聖經：向3大超業學不見面，業績也翻倍成長！」

2016年接受Advisers雜誌329期專訪「南山全國增員率最高，保險精兵採取行動扭轉人生」

2020年接受Advisers雜誌371期分享主題「從客戶家門到客戶心門，是業務員一輩子的功課」